満洲国と日中戦争の真実

歴史街道編集部 編
Rekishikaido

PHP新書

満洲国と日中戦争の真実

目次

第1部　満洲国とはなにか

第2部　満洲国と日本人

第3部 日本と中国、そして日中戦争の真実
最新研究×いま学ぶべきこと

本文図版作成――ウエル・プランニング

第1部 満洲国とはなにか

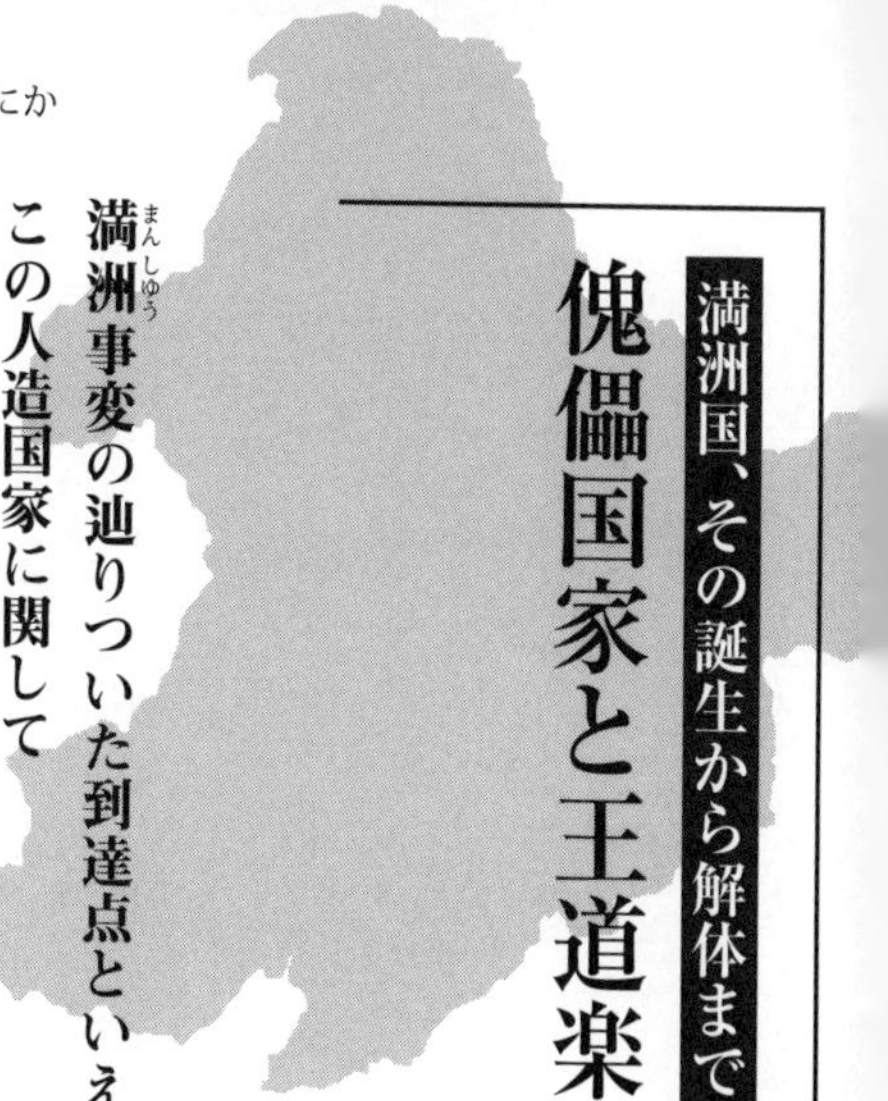

満洲国、その誕生から解体まで(1)

傀儡国家と王道楽土

満《まん》洲《しゅう》事変の辿りついた到達点といえる満洲国。
この人造国家に関して
大きなイメージの段差が存在する。
なぜ、それほどのギャップが生じたのか。

保阪正康

いま問われるべきこと

満洲国は日本近代史にとってどのような意味をもつのか。もとより現在では、満洲国は日本の「傀儡《かいらい》国家」「植民地」、あるいは「偽満洲」という語で語られているのだが、当時（昭和七年〈一九三二〉三月一日の建国時）には「五族協和《ごぞくきょうわ》」「王道楽土《おうどうらくど》」の理想郷のごとくに語られた。この歴史的なズレ、あるいは国家的イメージの段差、それが改めて問われるべきではないかと思われる。

満洲国は、歴史的に俯瞰《ふかん》してみるなら、満洲事変の辿りついた到達点ということができる。昭和六年（一九三一）九月十八日に柳条湖《りゅうじょうこ》で始まった関東軍の謀略工作によって、たちまちのうちに奉天《ほうてん》から遼寧《りょうねい》省全体へと日本軍は軍事的な制圧地域を広めていったが、そのことは関東軍内部で満洲地域に新しい「国家」をつくろうとの意思が働いていたことが裏づけられる。現に関東軍内部では、事変の四日後（九月二十二日）に満蒙《まんもう》問題の解決策として、〈東北四省（黒龍江《こくりゅうこう》省、吉林《きつりん》省、奉天省、熱河《ねっか》省）と蒙古《もうこ》に、溥儀《ふぎ》を頭首とする支那《しな》政権を成立させ、在満蒙各民族の楽土をつくる〉が決定されていた。

これは関東軍高級参謀の石原莞爾《いしわらかんじ》の唱えていた満蒙問題の私見に則っての考え方でもあった。石原はこの私見のなかで、「満蒙ヲ我《わが》領土トナスコトハ正義ナルコト」と「我国ハ之《これ》ヲ決行スル実力ヲ有スルコト」を満蒙問題の解決として謳《うた》っていた。

石原が、満蒙地域のこの国家に、この時代の五族（日本人、漢民族、朝鮮人、満洲人、蒙古人）の人びとの人造国家をつくろうとしていたことは間違いない。昭和六年十一月から翌年の一月、二月にかけて、関東軍がチチハル、ハルピンなどを占領する一方で、満洲各地の軍閥に張学良《ちょうがくりょう》の支配から脱却するよう説いていたからである。もとよりこうした軍事、政治的対応に呼応するかのように、奉天特務機関長であった土肥原賢二《どひはらけんじ》は、天津《てんしん》に住んでいた溥儀に新しい国家の執政のポストを受けいれるよう説得もしていた。

東北三省の独立宣言

石原の案は、ひとつずつ現実に向かって進み、そして昭和七年（一九三二）二月には奉天省、吉林省、黒龍江省の三省の省長たちが集まって東北行政委員会をつくった。関東軍の政策にこれらの省長は呼応したともいえるが、二月十八日にはまず東北三省の独立を宣言するに至ったのである。こうした背景には、本庄繁《ほんじょうしげる》・関東軍司令官をはじめとする関東軍首脳の有形無形の支えがあった。

この独立宣言以後、国名を満洲国とし、元首は溥儀とするも、それは執政とすることにした。即時帝政を要求する溥儀の希望は認めなかった。政体は民本政治とし、国旗は新五色旗、年号は大同《だいどう》とすることも決まったが、これも関東軍の意向によったのである。

こうして三月一日に東北行政委員会の委員長であった張景恵《ちょうけいけい》の私邸で、張景恵自身の満洲国宣言によって、この国はスタートすることになった。溥儀が新京《しんきょう》に入ったのは、八日の午後であったが、市内には多数の市民が集まり、新国旗も掲揚されるに至った。

溥儀の執政就任式は九日に行なわれたが、この日を祝してこの満洲国の各地（たとえばハルピン市など）では、関東軍の音頭取りで祝賀記念式を行なった。しかしこの建国に賛意を示さない中国人は、新国旗の掲揚を拒否するという光景も珍しくはなかった。

中国のナショナリズム

建国までのこうした動きを見ていくと、満洲国は関東軍の政治工作が、軍事的勝利をバネにしてきわめて円滑に進んだかに見える。この人口三千四百万人の国家は、溥儀の執政宣言でも強調された「王道楽土の実践」というスローガンとは異なって、日本にとってのもうひとつの国家という側面をもっていたことは疑い得なかった。

満洲は清《しん》朝帝政の発祥地でもあり、ここに入植した漢民族との間で、ときに対立状況が起こっているのだが、関東軍の軍人たちは巧みにこのような状況も利用した。加えて二十世紀に入ってロシアや日本が南満洲鉄道の利権を求めて抗争を続けた結果、満洲人・漢民族を問わず、中国人の間に激しい抵抗運動も起こった。このような歴史的経緯もあって、満洲国の建国は、中国人のナショナリズムを激しく刺激することにもなったのである。

とくに当時、中国を支配していた蔣介石《しょうかいせき》政府は、この建国に強い不満を示し、日本に対する抵抗運動を呼びかけた。

満洲国政府と「内面指導権」

満洲国政府は、執政のもとに秘書局（参議府）を設け、ここに六人の有力中国人が名を列《つら》ねることになる。執政が立法院、国務院、監察院、最高法院、最高検察庁の機構の上に君臨し、国務院には総務庁、法制局、資政局、興安局があり、その他に部や地方の政府があるという組織であった。この組織自体は、当時の蔣介石政府に通じる共和制のような内容であった。

ただ満洲国の治安維持や軍事はすべて関東軍がにぎることになった。鉄道、港湾、それに輸送などは日本が全面的に全権をにぎったうえに、満洲国政府、そして地方の政府の役人は、事実上、関東軍司令官が任命権をもつことになり、そのために日本人がこの国の主要権力の中枢に座ることになったのである。

この国家は、どのような主要ポストに中国人が座っていても、それを補佐する、あるいは顧問として遇するという立場で日本人が就くために、実際には日本側の意向がつねに反映されるという形にもなった。そのような日本人は、関東軍から「内面指導権」が託されるのであったが、その権力も満洲国を五族協和、王道楽土とするより、むしろ関東軍のためにという意味が強く、しだいに満洲国は自主性を失うといわれる事態になった。

支配権をにぎったのは……

石原莞爾の理想を現実化させたいと願う青年たちのグループが、協和会《きようわかい》、あるいは東亜連盟《とうあれんめい》という組織のもとで、関東軍の露骨な干渉に抵抗を続けた。彼らはこの「内面指導権」が乱用されていると怒り、東條英機《とうじようひでき》が関東（軍）憲兵隊司令官、あるいは関東軍参謀長に就任していくにつれ、石原を追いだし、日本の傀儡国家にしようとしていると反撥《はんぱつ》の感情を強めた。満洲国に関して、「日本の利益のために存在する」という一派と、「日本は一歩退いてこの国を理想国家とすべきだ」という一派との対立は、主に関東軍参謀長の東條とその下で副長をつとめた石原との激しい対立となってあらわれたのである。

しかし実際には、東條を中心とする一派がこの満洲国の支配権をにぎるようになった。関東軍はこの国の軍事を担当するとして、日本の対ソ戦の前線基地につくりかえていったし、一方で満洲国軍を創設しながらも日本人将校が全権をにぎって、関東軍の指揮系統下に置いたのである。

満洲国政府の組織（建国時）

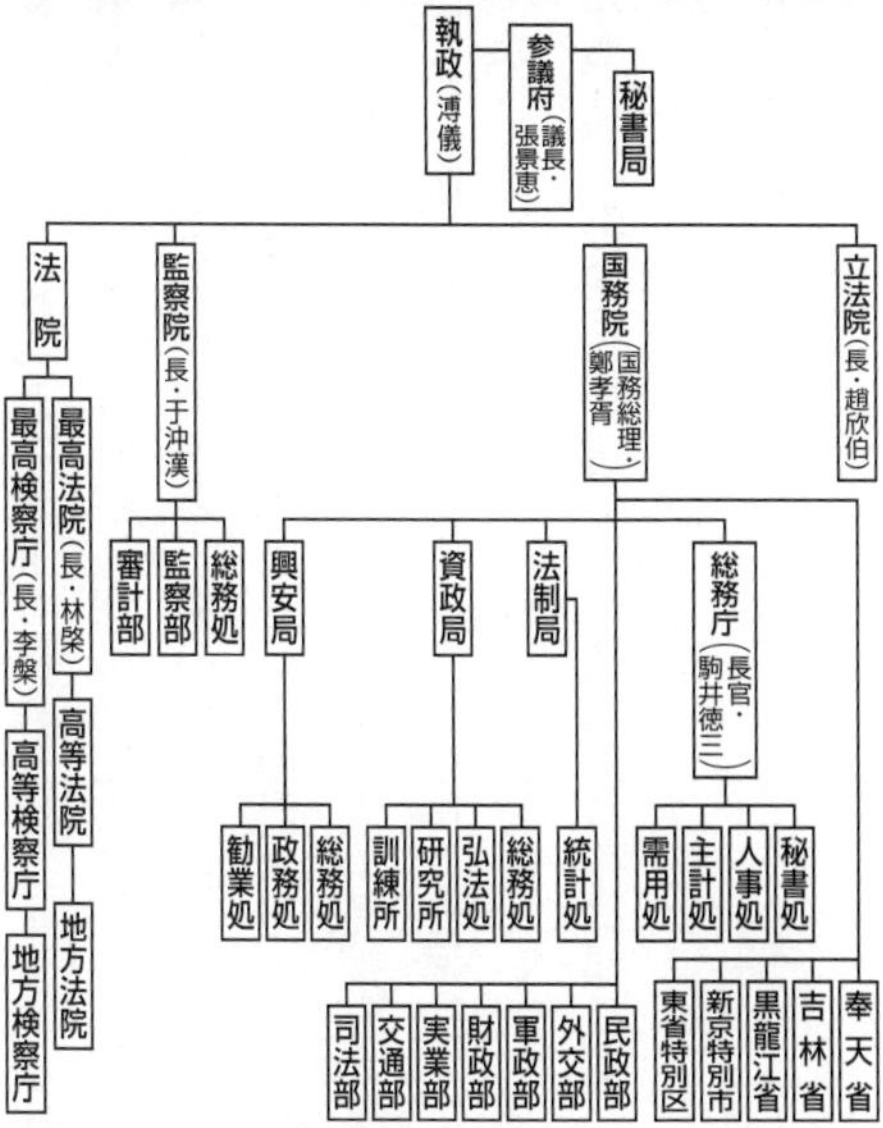

出所：『キメラ――満洲国の肖像』（山室信一著、中公新書）などの「満洲国」に関する文献・資料を参考に編集部にて作成

満洲国についての見方は、伊藤隆監修、百瀬孝著の『事典・昭和戦前期の日本』が書いている次の記述が、この国の本質を突いているというべきだ。

「政府の中枢部を国籍を持たない外国人に占拠され、自国の防衛を他国に依存し、外国語たる日本語を公用語の一つとしていたのであるから、独立国とはいえない。傀儡国家の典型といわれることがあるが、操る者も操られる者も日本人という不自然な傀儡国家であった。また満洲国は憲法も議会もなく、法律は政府が任意に制定改廃しえ、義務教育も国籍法も政党もなく、産業面の振興を除きその近代国家としての性格は否定せざるを得ない」

つまり満洲国は、近代国家としての形は整えていないということになる。

とくに問題となったのは、抗日中国人の逮捕を意図して行なったいくつかの暫定的な立法措置で、軍隊や警察の指揮官が抗日中国人を逮捕しても「其ノ裁量ニ依リ之ヲ措置スル」ことができたことだ。司法は初めから無視されていた。そのため満洲国では、警察権が混乱状態にあり、関東憲兵隊司令官が満洲国の警察部長よりも上位にあって、自由に逮捕、刑の決定ができるという形を生むことにもなったのである。石原系の協和会のメンバーが、ときに赤化分子として逮捕されたのは、このような事情にもよった。

満洲産業開発五カ年計画

満洲国の経済改革案は、主に満鉄調査部によって練られ、建国から一年後には「満洲国経済建設綱要」が公表された。この中心は「日満経済の一体化」という点にあり、具体的には統制経済が実行されることになった。

また、一産業一社の特殊会社に資源開発を独占させる形を採ることになった。とはいえ関東軍は、当初は「日本の財閥は入れない」として民間資本の導入を企図したが、治安の悪化などの理由で資本の導入は進まず、結局、新興財閥に依存することになった。

もっとも重点的に行なわれた産業開発計画は、満洲国の日本側官僚であった岸信介《のぶすけ》や星野直樹《なおき》らが関東軍の案を手直しして進めた「満洲産業開発五カ年計画」である。この案は近衛《このえ》内閣のもとでさらに手が加えられ、昭和十二年（一九三七）から実施されることになった。この計画によって、一部のプロジェクトは成功したものの大半の案は実らなかった。

かかえこんでいた悲劇

満洲国は、その後の太平洋戦争とともに実質的に日本に隷属する形で、この戦いに加わった。同時に抗日中国人の動きも激しくなり、満洲国もしだいに戦火に巻きこまれることになる。

昭和二十年（一九四五）、ソ連は日本に対して宣戦布告を行ない、八月九日未明、極東ソ連軍が満洲国に侵入してきた。関東軍はこれに抗する力もなく、結局、日本はポツダム宣言の受諾により、降伏することになったのである。そのときがはからずも満洲国の解体となった。

満洲国の解体後は、中国国民党と共産党の内線状態になる。この国に移民した日本人農民、それに官吏をはじめとする公務員などが、日本への帰国をめぐって混乱状態になった。なかには幼児を中国人に預けたり、帰国の途中で家族がはなればなれになったりしての一家離散が始まった。これが残留孤児問題として日本でもさわがれるようになったのは、満洲国解体から三十六年目のことである。

歴史のなかで、満洲国はその間多くの悲劇をかかえこんでいたのである。

満洲国、その誕生から解体まで(2)

人造国家をとりまく世界情勢

保阪正康

ワシントン体制下の国際秩序に対する
最初の反乱と受け止められた満洲事変。
その結果、誕生した満洲国を、
世界各国はどのように見たのか。
また、当時の日本人はどんな意識でとらえていたのか。

満洲国を承認した国々

満洲国の建国以後、この国を正式に国家として認めたのは、日本と親しい関係をつくっていくドイツ、イタリアなどの枢軸国であった。あるいはこうした国々の影響下にあった国々でもある。

建国の最初の年（昭和七年〈一九三二〉）には日本だけだったが、昭和九年（一九三四）にローマ法王庁、エストニアなど四カ国、昭和十年（一九三五）にポーランド、昭和十二年（一九三七）にはイタリアとスペイン、そして昭和十三年（一九三八）ドイツ、デンマークと続く。こうして昭和十八年（一九四三）のビルマ、フィリピンまでに二十一カ国が承認している。ソ連も満洲国との間には領事館を相互に認めていた。「アメリカ・イギリス・オランダ・中国とは貿易もあり、国家関係はなくても経済関係はあって満洲国が全く孤立していたわけではないことがわかる」（伊藤隆監修、百瀬孝著『事典・昭和戦前期の日本』）という状態だった。

満洲国は、確かに孤立していたとはいえないが、現実には日本との関係で承認したほうが得策と考えた場合には承認されていたということができた。日本が満洲国を承認したのはもっとも早いのだが、その内実を見ると、犬養《いぬかい》内閣のもとでは承認していない。五・一五事件のあとに誕生した斎藤実《まこと》内閣によって、初めて承認の方向づけがされた。そして承認するや、すぐに日満議定書《ぎていしょ》の調印が行なわれている（昭和七年九月十五日）。これで日本と満洲国との間で国交が結ばれたということになるのだが、この議定書の条文はわずかに二条にすぎない。これまでの日本と日本人の権益を認めるということと、日本軍が満洲国内に駐留するのを認めるとの内容であった。

ただ、この議定書には付属文書がついていて、関東軍司令官と満洲国全権の鄭孝胥《ていこうしょ》との間で交換された文書がそれにあたるのだが、それらは前述のように日本の権限を大幅に認めた内容である。関東軍の内面指導権はこの付属文書によって明らかにされている。こうした日本側の対応について国際社会はどのような反応を示したか、それを改めて見ておくことが必要である。

リットン報告書をめぐる論議

国際社会の反応は、前述のようにどの国がいつ承認したかで、あるていどのことは窺《うかが》える。というのは、国際連盟で日本の満洲政策はまったくの孤立状態だったが、その孤立化がドイツ、イタリアとの提携によって、しだいに薄れていく。その薄れていく状況は、承認国の増大に比例しているといえるからである。

満洲事変後、国際連盟はこの事変の調査を行なうために調査団を結成し、満洲に送りこんでいる。このリットン調査団は、昭和七年三月から六月までの間、調査を続けた。実は満洲国が独立したのは、この調査の期間内のことである。日本側にはリットン調査団の報告書が日本に不利との判断があり、そのために既成事実をつくったというふうにも受け止められた。しかし現実には、この報告書は事変への日本側の工作に批判を加えつつ、国際連盟の規約やワシントン会議での九カ国条約にも合致するように「満洲における政府は支那の主権及び行政的保全と一致し東三省の地方的状況及特徴に応ずる様工夫せられたる広汎なる範囲の自治を確保する様改めらるべし」と新たな勧告を行なっていたのである。

中国の主権を認めつつ、日本の地位を一定の範囲で認めようとする内容であった。

この報告書の内容についての国際連盟内での論議は、日本に冷たい事態になっていく。とくに関東軍が熱河省に軍事的制圧地域を拡大していくと、リットン報告書の内容よりも日本側の中国への「侵略」そのものが問われる事態になった。そうした状況を反映して、結局、リットン調査団の報告書にもとづく勧告は、賛成四十二、反対一（日本）、棄権（シャム）で採択される。これに異議を申したてた松岡洋右《ようすけ》・首席全権は「連盟脱退」を通告して、議場から退出した。その松岡は日本に戻るや大歓迎を受けているし、新聞社もまた共同声明を発して、

国際連盟総会で演説する松岡全権

日本に対する国際社会からの批判に強い反撥を示している。

ここに国際社会と日本世論の大きな開きがあった。

ワシントン体制と国際社会

国際社会の流れは、第一次世界大戦後は主に大正十年（一九二一）十一月に始まったワシントン会議によって方向が決定された。この会議は翌年二月まで続いたのだが、米、英、仏、伊、日本、蘭、ベルギー、ポルトガル、そして中国の九カ国が参加している。第一次世界大戦による悲劇は、今後、武力で政治的解決を図ることを避けるとしたうえで、中国の主権を守ろうとの確認も行なわれた。それにもとづいて七つの条約と二つの協定が結ばれた。とくに重要であったのは、九カ国条約である。中国の主権を尊重しつつ、他のどの国にも門戸開放が与えられるというものであった。国際社会の秩序は武力では行なわないとの一項も明記された。

このワシントン会議での条約、協定によって、国際社会は俗にいわれる「ワシントン体制」で動くことになった。さらに海軍の軍事力も各国が主力艦の建造を縮小する軍縮条約の時代にはいったのである。

一九二〇年代は少なくとも武力衝突の動きは起きなかった。こうした潮流は、昭和三年（一九二八）の不戦条約の締結にまでゆきついた。国際紛争を平和的手段で解決していくとの諒解もできあがっていったのである。

グルー大使の指摘

満洲事変は、ワシントン体制下の国際秩序に対する最初の反乱と受け止められた。ところがこのことについて、日本はそれほど深い認識をもちあわせてなく、ワシントン体制そのものをそれほど理解していなかったのである。アメリカの駐日大使ジョセフ・C・グルーは、日本人はこうしたワシントン体制をまったく理解していないと、その日記（『滞日十年』）に書きのこしている。

「私は百人中たった一人の日本人ですら、日本が事実上ケロッグ条約（保阪注・不戦条約のこと）や九国条約や連盟規約を破ったことを、本当に信じているかどうか疑わしく思う。比較的少数の思考する人だけが率直に事実を認めることが出来、一人の日本人は私にこういった――『そうです、日本はこれらの条約をことごとく破りました。日本は公然たる戦争をやりました。満洲の自衛とか自己決定とかいう議論はでたらめです。しかし日本は満洲を必要とし、話は要するにそれにつきるのです。』しかしこのような人は少数派に属する。（略）［日本人は］心から彼らのやってきたことが正当であり、リットン委員団は中国の宣伝によって迷わされたものであり、諸外国と国際連盟とは同様、事実の全面的誤解に迷いこまされたものと信じている」

グルーのこの記述は、当時の国際社会のもっとも代表的な見方であった。日本はワシントン体制そのものの破壊者であることに気づいていないとの指摘は、歴史的に見れば確かにあたっている。現代風の見方をするなら、ワシントン体制というグローバリズムに、日本は抗しているともいえるのではないかということだ。

同時に、日本国内でこのグローバリズムの代表的政治家であった幣原《しではら》喜重郎《きじゅうろう》外相の「協調外交」は、この満洲事変・満洲国建国という流れのなかで、軍部や政治家の圧力によって政治的実効性を失っていくことになるのである。それはグルーのいうとおり、当の日本人は正確に国際協調路線を理解していたわけではないとの見方に見事に符節していた。

歴史的実験という見方

満洲国建国は、石原莞爾に代表されるように日本の政治・軍事指導層の一部に存在した「国際社会の再編成・理想社会の建設」という側面も、日本国内でさえ十分に理解されず、結局は不況下の日本の脱出口のひとつとして考えられるか、あるいは中国に対する歪《ゆが》みの伴った感情の発露でしかなかったのである。のちの東京裁判において、検事団は日本の政治・軍事指導者の「満洲事変以後の侵略政策」を裁くことにしたのは、まさにこの点にあった。その歴史的事実を改めて理解しておくべきではないかとも思われる。

満洲国の建国から解体までの十三年六カ月近く、そこには多様な歴史的実験が試みられていた。多民族の同居する人造国家、そのような国家が成りたちうるのかというのが大きな実験であった。それは二十世紀前半の壮大なる実験だったと見る人たちもまた存在している。

だがこの実験の中心になった当時の日本は、はたしてそれに値するだけの政治的思想や能力、そして他民族との協調を図る姿勢があったか否かということになれば、その条件には欠けていたとの事実は指摘できる。ナショナリズムを自国のエゴで動かしたときの日本の姿は、確かにグルーの説いたとおり迷走していた。歴史のなかに刻まれているその姿を、次世代の者は真摯《しんし》に分析する能力を身につけることが必要になるだろう。

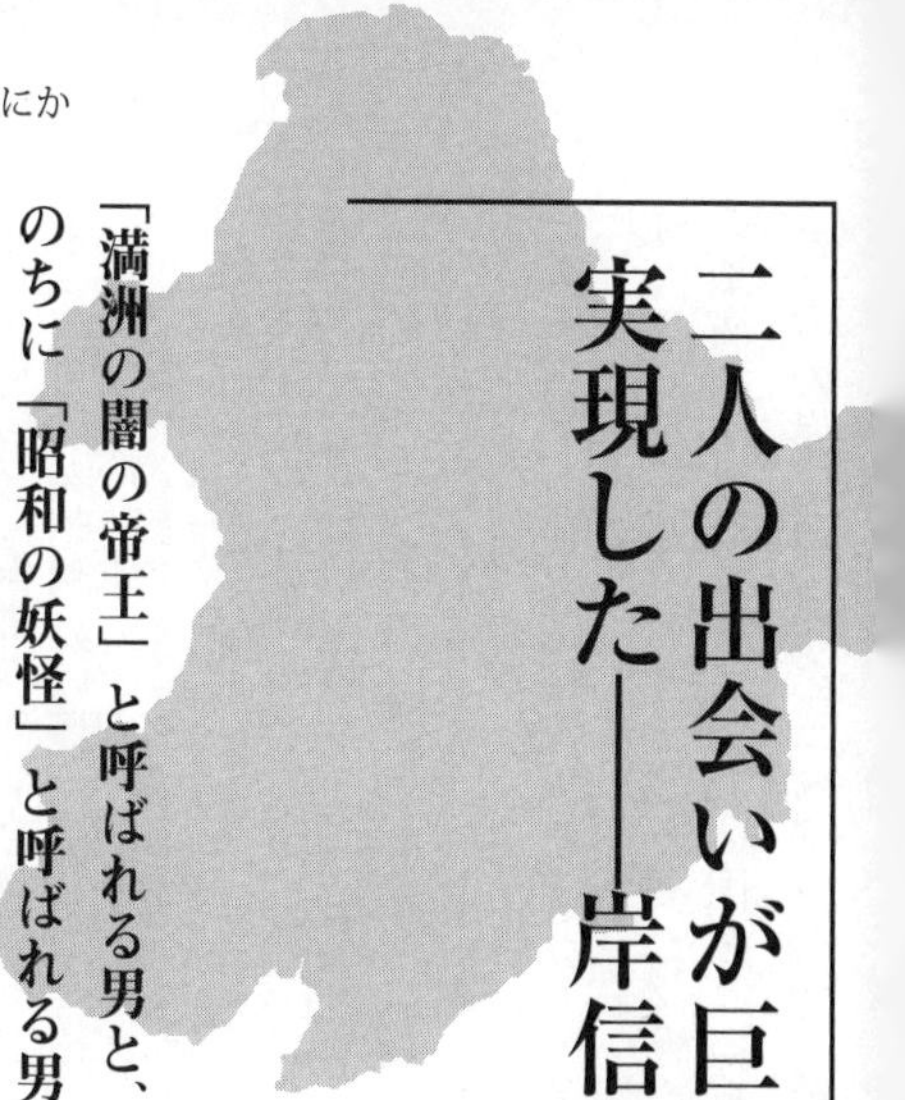

二人の出会いが巨大産業立国を実現した——岸信介と甘粕正彦

「満洲の闇の帝王」と呼ばれる男と、
のちに「昭和の妖怪」と呼ばれる男。
二つの強烈な個性の出会いを契機に、
満洲国は巨大な産業立国へと舵《かじ》を切り始めた。
清濁併せ呑《の》む度量を備えた二人の男の献身が、
陰から満洲の繁栄を支えたのである。

太田尚樹

甘粕と岸はなぜ結びついたのか

戦前の満洲で、二人の男が夕陽を見ている。満映（株式会社満洲映画協会）理事長などを務めた甘粕正彦《あまかすまさひこ》と、満洲国政府を背負って立つエリート岸信介である。

昭和という時代はこの満洲で明けたが、昭和の歴史の源流は、まさに日本が命運をかけた満蒙の大地にあった。そこで出会った二人の男。片や「満洲の闇の帝王」といわれた甘粕と、もう一方は「昭和の妖怪」の異名を持つ岸だが、二人が満洲で何をしたかを語る前に、満洲へ来るまでの経緯を、簡単に見ておいた方がいいだろう。

筆者はかつて『満州裏史《りし》』に詳細を記したが、甘粕正彦は関東大震災直後に起きた大杉栄《さかえ》、伊藤野枝《のえ》、大杉の甥で、六歳になる橘宗一《たちばなむねかず》殺害事件の実行犯とされた元憲兵大尉。しかし、「軍が下士官の憲兵に命じて起こした事件」であってはならない事情があった。

天皇の軍隊に傷がつく上に、国際的なイメージ・ダウンに繋《つな》がるからである。しかも橘宗一少年がアメリカ国籍だったことで、アメリカ大使館が動き始めてしまった。こんな事情を抱えた軍の罪を一人でかぶった甘粕は、三年後に出獄すると二年間のパリ滞在を経て、新生の地満洲に放たれる。新しい国造りに、この男は不可欠とみられたからである。

一方の岸は商工省のエリートだが、経済不況にあえぐ日本では、持論の産業立国論、統制経済理論をもってしても、閉塞状態から抜け切れない。

丁度その頃、彼の理論を実践する場が開けてきた。満洲である。当時の彼の略歴を見るまでもなく、満洲国から建国功労賞を受けていることを見れば明白だが、日本にいながら満洲にしっかりと影響力を持っていたのである。さもなければ、わずか三年の在満中に、あれほど実績を挙げられるはずはなかっただろう。その岸に関東軍が目を付けた。「岸をくれ」は彼らの悲願だったのである。こうして関東軍から望まれた甘粕と岸の二人は、満洲で出会うべくして出会ったのだが、実際には、彼らとかねてより親しかった東條英機が、両者を引き合わせたことに始まっている。

だがこの二人は、よほど波長が合ったらしい。どんな謀略もやってのける捨身の甘粕には、自分の心を預けられるだけの大義名分が不可欠であるが、大杉事件では「天皇の軍隊を守る」がそれであり、もうひとつが「満洲国のため」である。

だが一度深く傷付いた男は、めったに人間を信じないかわり、しっかり自分を受け止め、信頼してくれるような男には弱い。それが岸だったのだが、「あの事件」のことを信じようとせず、甘粕から排英工作のための資金調達のような無理難題を押し付けられてもとことん協力してくれる。おまけに経済のオーソリティーで、広い世界観を持った男と、甘粕の目に岸は映った。

しかもプライドが高く、関東軍の参謀連中などまるで眼中にない横柄な振る舞いも、男気の強い甘粕は気に入っていた。

良い所ばかりを並べてしまったが、岸の表面の顔とは違う、甘粕でなくては解《わ》かり得ない、黒く淀んだ不可解な部分にも惹かれたとも言えるだろう。

そして二人は、酒と女の「夜の満洲」をともに満喫したり、休暇にやってきた大連《だいれん》では、釣り糸を垂れて静かに語り合い、互いの人生に共鳴していくのである。

「汚水も濾過すれば清水になる」

満洲は、第二のアメリカ合衆国建国を目指した石原莞爾らの理想論と、内地の不況を吹き飛ばそうとする軍の一部が仕掛けた柳条湖事件からスタートしたが、丁度そこに甘粕と岸が登場したという図式である。新しい国造りは、軍人たちだけでできるほど生易しいものではなかったのである。

岸はまず鮎川義介《あいかわよしすけ》を口説き落とし、内地から一大コンツェルンの日産（日本産業）を移させて満洲重工業を設立。日産の傘下《さんか》にあった日立、さらに東芝系の企業を誘致させること

岸 信介（右は東條英機、昭和18年）

から始めた。その後にも住友金属、沖電気、昭和製鋼所などがつづく。
さらに、第二松花江《しょうかこう》に建設した東洋一の規模を誇る豊満《ほうまん》ダムや鴨緑江《おうりょくこう》水電など、岸が満洲産業開発五カ年計画で直接、間接に育てた施設や工場が目白押しである。「巧拙は別として、満洲の産業は私の作品である」と岸は言っていたが、それまで高粱《コーリャン》畑と大豆畑ばかりだった大地に、工場の大きな煙突からモクモク煙が立ち昇る光景を見れば、頷けようというものだ。巨大な産業立国満洲は、絵に描いたモチではなかったのである。
そこで甘粕の存在だが、関東軍と満洲国政府とのクッションの役割を果たしたのがこの男だった。関東軍から産業行政を取り上げ、岸が自ら持ち込んだ国家統制理論、経済理論の実験場にするには、甘粕は岸の協力者として不可欠だったのである。

一方、満洲国の宣伝機関である協和会総務部長、さらに国策映画や文化映画を作る満映の理事長に甘粕を推《お》したのも岸だったが、強引に作った満洲国に対する外国からの批判をかわす宣伝活動だけでなく、軍の横槍《よこやり》、匪賊《ひぞく》から果てはヤクザまで押さえ込めるこの男の胆力とセンスを、岸は見抜いていたのである。だが、それはまだ表向きの理由に過ぎない。本当の二人の深い関係は、阿片《あへん》の操作で満洲国の財政を潤すことにあったが、両者の信頼関係なしにはこの問題は成立しなかった。

実際、満洲国政府に入る阿片の上がりは、新興国家を支える重要な柱の一つであった。熱河産の阿片を生産者組織から政府が買い上げるルートの中に、里見甫《さとみはじめ》とその上に甘粕正彦がいた。さらに政府と販売組織の間にも、甘粕のダミー会社がいくつもあって、上前が満洲国の国庫に収まり、関東軍にも回るという仕組みである。

これが岸信介お得意のフィルター論、つまり、「汚水も濾過《ろか》すれば清水になる」という論法の骨子である。のちに巣鴨《すがも》で三年三カ月の収監期間を経て政治家として甦《よみがえ》ってからも、この論法は健在で、最後まで尻尾を摑《つか》まれることはなかった。妖怪と呼ばれた所以《ゆえん》である。

甘粕と岸の関係をさらに見ていくと、阿片の取締りと販売という、相反する仕組みを作らせた張本人こそ岸であり、甘粕はその実行者ということになる。しかも甘粕の阿片販売ルートは中国国民党幹部から、南方の華僑《かきょう》組織にまで浸透していたが、これが阿片戦争以来中国を食い物にしてきた英国に対する「反英謀略活動」に繋がり、岸は惜しげもなく工作資金を調達しているのである。

甘粕正彦 奉天駅で（昭和7年）

これは見方によっては、「謀略に明け、謀略に暮れた昭和前期」の中味の一つではある。しかし、甘粕も岸も「満洲国のため」、さらに日華事変、太平洋戦争が始まると、「国防のため」、日本と東條英機を支える捨身の献身はつづけられた。

終戦で分かれた二人の道

だが、二人が決定的な違いを見せ

るのは、その後の生き方である。甘粕にとって日本は祖国であっても大手を振って帰れる所ではなく、満洲こそが生命を預けられる唯一の場所だった。しかし岸には戦後の日本を見据えた高度経済成長の総指揮を執る仕事が待っていた。

　では、満洲での岸の経験は、どう日本の復興に繋がったのか。まず戦後の物資不足の対策に、統制経済がそのまま実行されたことだ。昭和十七年（一九四二）二月に公布された食糧管理法はもちろんのこと、それより古い電力管理法、戦後の臨時石炭鉱業管理法なども、岸理論に原点を求めることができる。

　そして岸が満洲に育てた産業からは、日本の技術力の確かさと、それを結集することから得た自信という、有形無形の資質が戦後に生かされたことは、中国当局でさえ指摘している。

　しかし、経済を動かすのも人間である。岸が政治家として活動を始めると、満洲時代の人脈が動き出す。総理時代に閣僚として仕えた椎名悦三郎《しいなえつさぶろう》、高碕達之助《たかさきたつのすけ》、小金義照《こがねよしてる》はじめ、財界人では枚挙にいとまがないが、いずれも満洲で苦楽をともにした面々である。

　結局、人脈と技術力を結集した結果が高度経済成長の礎《いしずえ》となったが、同時に金権体質など、負の遺産もしっかりと今の自民党政治に受け継がれたと言ってよい。岸の満洲人脈が戦後を主導した姿を見ると、敗戦は歴史の断絶ではなく、継続だということが明白である。岸には満洲は幻ではなく、次なる舞台へのステッピング・ストーンだったのである。

一方、甘粕正彦は満洲の終焉を見届けると、従容《しょうよう》として青酸カリを仰いだ。それでも「満洲の産業が岸の作品なら、この大地に溢《あふ》れる和した人々の屈託のない笑顔がオレの作品だ。獄中で一度は自決を思い立ったオレだが、満洲に精一杯生きた証《あかし》は残すことができた。もって瞑《めい》すべきではないか」と、自らを慰めた甘粕。彼が生きていれば、戦後の復興にひと働きしたはずだが、持ち前の美学がそれを許さなかった。

激動の時代に生きた二人であるが、もとより善だけの人間の精神構造はシンプルで底が浅い。だが負を背負った彼らだからこそ、歩んだ軌跡の中に生命の輝きを見出すことを可能にし、それがまた言いようのない魅力となっている。

混迷の現代だからこそ、その輝きは人々に勇気を与えてくれるとも言えよう。筆者が拙書の中に、「近頃ではお目にかかれなくなった強き本物の日本人」と記した所以である。

満洲国、そして石原莞爾と東亜連盟運動

保阪正康

「満洲国内に於《おい》て民族闘争から民族協和になった旗を、更に東亜全体に及ぼして行かなければならない」

石原莞爾の文明観に基づく東亜連盟運動は、燎原《りょうげん》の火の如く燃え広がり、日中戦争反対と日中連携を訴え、東條英機首相の顔色《がんしょく》を失わしめた。

そこには、日本とアジアの大きな可能性が秘められていたのである。

満洲国を理想郷とするために

東亜連盟とはどのような組織か。いや、どういう思想をもっていた団体なのか。

そのことを語るには、昭和十年代に石原莞爾の右腕だった高木清寿《きよひさ》の話から始めるほうがわかりやすい。高木は報知新聞の政治部記者だったが、昭和十一年（一九三六）の二・二六事件のあと、石原に会って事件の詳細を確かめた。その折の石原の発言や思想に関心をもち、やがて私淑していくのである。高木は石原より十四歳ほど年齢が下で、いわば師弟の関係になったともいえる。その高木から、私は次のような証言を聞いている。昭和五十二年（一九七七）のことだ。

「石原は確かに満洲事変を起こした。しかし、石原は満洲国を日本人の傀儡にしろなどとは一言も言っていない。言っていないどころか、あとは関東軍が手を引き、満洲国の運営はすべて中国人に任せるべきで、関東軍は防禦《ぼうぎょ》の軍隊に徹すると主張していた。そして満洲国は、日本と対等の関係をもつべきであると考えていた」

高木の言では、満洲事変は決して誉められたことではないが、石原の意図した〈国づくり〉とは、あのようなものではなかったという。その〈国づくり〉の具体的な動きこそ、東亜連盟運動だったというのである。

満洲国を、石原は人類の理想郷にと考えていた。五族協和、王道楽土などという語は、確かに石原の理念を反映していたのである。歴史的に満洲事変、満洲国建国という一連の動きには、批判されるべき余地は多いが、石原やその同調者は、その批判を受けいれつつ、われわれの運動はあのようなものではなかったという言い方をしている。

満洲国には、石原の理念を信奉する学生、労働者、それに満鉄社員などが、満洲青年連盟、協和会といった組織をつくり、関東軍主導の国づくりに抗していった。やがてそれは、弾圧によってもろくも崩れていく。それは軍内にあっては、反石原という動きになり、軍外にあっては東亜連盟への弾圧という形を採っている。

東亜連盟は、協和会東京事務所などを組織の母体に据えて誕生した。前述の高木らが、この東京事務所を代表する形で、東亜連盟運動を進めていく。昭和十二年（一九三七）七月の盧溝橋《ろこうきょう》事件に端を発する日中戦争時、参謀本部作戦部長だった石原は、一貫して不拡大路線を主張し、拡大路線を採る作戦課長の武藤章《むとうあきら》らと対立している。省部の幕僚が拡大派に転じていくなかで、石原は孤立し、昭和十二年暮れには関東軍参謀副長に転じている。参謀長の東條英機が、石原を監視するという意味もあった。この転出は、石原の思想を軸とした東亜連盟運動が、軍中央によって弾圧される第一弾でもあった。

東亜諸国が手を結び、覇道主義と戦う

東亜の連盟というその運動は、日中戦争下にあっても、満洲建国を理想郷とする運動を支援しつつ、日中戦争そのものには批判的な姿勢を崩さなかった。石原は関東軍参謀副長から京都府の舞鶴《まいづる》の司令官に左遷され、満洲国からも東京からも遠ざけられてしまうが、それでも東京に出てきては、軍中央や政治指導者への意見具申をやめていない。たとえば、近衛文《ふみ》麿《まろ》首相には、「あなたは総理大臣として、事変解決のために南京《ナンキン》に赴き、蔣介石総統と直接に会って国交調整をすべきである。その場合、この石原も同行する」と申し入れているが、近衛にすげなくはねつけられている。

あるいは、昭和十四年（一九三九）八月には、協和会東京事務所で、「満洲帝国協和会東京事務所の任務に就《つい》て」という講演を行なっている。これがいわば東亜連盟の方針、思想、それに行動を示唆した内容である。

「満洲国内で一部の民族だけが王道楽土を楽しみ得るに至っても、ほんとうの満洲は出来ないのです。結局民族協和を更に突込《つっこ》んで考へてみますと、東亜の設計であります。満洲国内に於《おい》て民族闘争から民族協和になった旗を、更に東亜全体に及ぼして行かなければならない」

「要するに此の事変解決の原則が王道主義であるか帝国主義であるか、それをはっきり国民

に示して行くことが解決の鍵であります。（略）又日本は強権指導、つまり日本がまだ支那人から尊敬されて居ないにも拘らず、日本の武力を背景にして指導をして行くと云《い》ふことが、日支提携の為に利益であるかと云ふことを我々は観察しなければならぬ。此の事が王道主義がよいか、覇道主義がよいかを結着するのであります」

石原は、軍人でありながら、一方で覇道主義を批判し、真に民族協和の伴った東亜連盟を訴えていた。こうした発言や行動は、陸軍次官、陸軍大臣と昇進していく東條の怒りを買い、結局、昭和十六年（一九四一）三月に石原は予備役に追い込まれている。前述の高木によるなら、

石原莞爾

その間、石原と東亜連盟運動に同調する軍人やジャーナリスト、それに民間人などは、東條憲兵政治の弾圧の対象になり、いわれもなく獄につながれた者も多いという。たとえば、浅原《あさはら》事件（浅原健三《けんぞう》が共産主義者として逮捕された事件）などがそうだという。

東亜連盟が、いわば理想の満洲国を建設し、そのために国内改革を進めるという運動から

一歩進んで、宣言を発し、運動要綱を作成するのは、昭和十六年三月からである。石原が陸軍を予備役になるのと符節をあわせて、東亜連盟協会という有力な運動体に変化していったのだ。

この宣言は、石原の唱える世界最終戦争論（東洋と西洋の代表国となる日本とアメリカが、最終戦争を行なう時期が訪れるという考え。それは東洋文明と西洋文明の最後の衝突であり、この結果、世界はひとつの文明に収斂《しゅうれん》し、世界平和が訪れるという石原思想の骨格を成している）を意識して書かれている。「人類歴史ノ、最大関節タル、世界最終戦争ハ、数十年ニ近迫シ来レリ、昭和維新トハ、東亜諸民族ノ、全能力ヲ綜合《そうごう》運用シテ、コノ決勝戦ニ、必勝ヲ期スルコトニ外《ほか》ナラス」とあった。そのための方針として、三点が掲げられていて、その第一項には、「欧米覇道主義ノ圧迫ヲ、排除シ得ル範囲内ニ於ケル諸国家ヲ以テ、東亜連盟ヲ結成ス」とあり、さらに王道をもっての指導原理を確立するとの項目もあった。

この方針のもとに「東亜連盟運動要領」も定められたが、石原はこの要領を全国各地で講演して、同志の獲得に努めている。

この要領は、組織論が中心になっているが、石原によると、東亜連盟運動を、より具体的にいえば「最終戦争準備は日本だけでやるのぢゃない。東亜の全力をあげるのであります。

明治維新の日本国内に於ける維新に対して、昭和維新は東亜の維新である。これをはっきりさせて居ること」と断言している。単に東亜が運命共同体になるというのではなく、欧米の覇道主義と軍事的に戦うという意味を含むに至ったのだ。

日中協力して絶対平和を建設する

東亜連盟協会は、日中戦争に反対するだけでなく、日中提携してアメリカと戦うという戦略のもとでの反対論であった。当時こうした考えを提唱する者は、日本にはまったく見られず、石原思想とそれにもとづく東亜連盟の運動は、昭和十六年の政治、軍事指導者の目にはきわめて危険に映った。

石原や前述の高木らは、東條軍閥では日中戦争を収束することはできず、あまつさえアメリカと対峙するにも覇道主義の枠内にいる限りでは、歴史上の正当性をもつことはできないとも訴えた。東條が首相になって陸相を兼任すると、「東條幕府」と批判をくり返し、この政権は亡国の政権だとも主張している。

東條側近でもあった企画院総裁の鈴木貞一《ていいち》は、「東亜連盟は王道というが、それは中国のことであり、日本は皇道《こうどう》である」と批判すると、激しく反発し、そのような狭い見方だから戦争収拾にあたれないのだ、と応じた。

高木清寿は、東亜連盟協会の副代表（代表は石原）という立場であったが、石原が中国とのルートを使って、しきりに蔣介石と終戦工作の打診を行なっていたとも証言している。その打診は結局は実らなかったのだが、その折に石原の世界最終戦争論の一端を耳にしていた。次のような内容だったという。

〈蔣介石政府と和平交渉を実らせたあと、日本は南方要域とオーストラリアを一気に占領してしまう。南方はすべて中国軍と日本海軍にまかせる。一九三九年から四〇年は、アメリカもイギリスも手を出すことはできない。関東軍は満洲国とともにソ連と対峙する。その間に東亜連盟の徹底的建設を決行して、アメリカを一撃で倒す体制を東亜につくりあげる。そのあとに絶対平和の建設に入る〉

高木は、これは決して夢想ではなかったといい、東亜の国々がそれぞれ独立して連携していくという石原の構想は、もっと国際社会で知られれば意味をもった、とも述懐していた。

昭和二十年（一九四五）八月の日本敗戦後、中国では共産党も国民党も、「私は東亜連盟協会の会員である」と告白した日本人に関心を示し、その思想に耳を傾けた、と高木は証言していた。事実とすれば、石原の思想は中国にも伝わっていたということであろう。

附録① 石原莞爾◎人生年表

和暦	西暦	年齢	人生	出来事
明治22年	1889		山形県鶴岡町（現在の鶴岡市）で誕生	大日本帝国憲法発布
35年	1902	13	仙台陸軍地方幼年学校に入校	日英同盟調印
42年	1909	20	陸軍歩兵少尉、歩兵第六十五連隊付（会津若松）	伊藤博文、ハルビンで暗殺
大正4年	1915	26	陸軍大学校（第三十期）に入校	日本、対華21箇条要求提出
8年	1919	30	歩兵大尉、中隊長。国府銻子と結婚	ベルサイユ講和条約調印
9年	1920	31	中支那派遣軍司令部付（漢口）	国際連盟発足
10年	1921	32	陸軍大学校兵学教官	ワシントン会議
11年	1922	33	軍事研究のため、ドイツ駐在	孫文、北伐を開始
14年	1925	36	ドイツ駐在を免じ、再び陸軍大学校兵学教官	日ソ基本条約調印
昭和3年	1928	39	歩兵中佐。関東軍参謀（旅順）	張作霖爆殺事件
6年	1931	42	満洲事変勃発（作戦主任参謀）	金輸出再禁止
7年	1932	43	歩兵大佐。陸軍兵器本廠付（東京）。国際連盟総会臨時会議帝国代表随員としてジュネーブへ	満洲国建国宣言 五・一五事件
8年	1933	44	歩兵第四連隊長（仙台）	日本、国際連盟脱退
10年	1935	46	参謀本部作戦課長	北満鉄道譲渡協定調印
11年	1936	47	二・二六事件勃発に際し戒厳参謀兼務。参謀本部戦争指導課長	二・二六事件 日独防共協定締結
12年	1937	48	陸軍少将。参謀本部作戦部長。関東軍参謀副長（新京）	盧溝橋事件・日中戦争突入
13年	1938	49	予備役編入願を提出して帰国。舞鶴要塞司令官	
14年	1939	50	陸軍中将。留守第十六師団司令部付。第十六師団長（京都）	ノモンハン事件
15年	1940	51	『世界最終戦論』（立命館大学出版部）刊行	日独伊三国同盟締結
16年	1941	52	待命。予備役編入。立命館大学国防学研究所に教授として就任。東亜連盟協会顧問	日ソ中立条約調印 独ソ開戦 真珠湾攻撃・太平洋戦争開戦
17年	1942	53	『国防政治論』（聖紀書房）刊行	ミッドウェー海戦
21年	1946	57	山形県飽海郡高瀬村（現・遊佐町）西山に転居	軍国主義者の公職追放指令
22年	1947	58	極東国際軍事裁判酒田出張法廷に証人として出廷	新憲法施行
24年	1949	60	8月15日没	中華人民共和国成立

出所：石原莞爾生誕百年祭実行委員会『永久平和への道』（原書房）などを参考に編集部にて作成

附録② 満洲国の省別面積及び人口、人口密度(昭和13年末)

省別の人口と人口密度

省別	人口(単位:千人)	人口密度
全国	38,624	29.6人
新京特別市	378	869.7
吉林省	5,326	59.2
龍江省	2,729	21.7
黒河省	73	0.7
三江省	1,289	12.0
牡丹江省	661	11.5
浜江省	4,765	54.8
間島省	705	24.0

省別	人口(単位:千人)	人口密度
通化省	837	26.5人
安東省	2,238	83.8
奉天省	9,598	128.4
錦州省	4,244	107.2
熱河省	4,127	45.5
興安西省	582	7.8
興安南省	869	11.0
興安東省	115	1.1
興安北省	87	0.5

出所:満鉄編『満洲現勢図解』(昭和15年)をもとに編集部にて作成

附録③ 満洲の人口動態・構成

主要都市人口（昭和14年）

都市	総数	内地人（日本人）
斉斉哈爾	98,621人	5,759人
哈爾浜	460,525	28,448
新京	386,313	85,352
吉林	131,975	10,848
奉天	811,439	101,639
撫順	219,570	28,405
鞍山	152,287	34,235
安東	212,119	17,508
大連	533,780	161,337

日本人の人口推移（昭和９〜13年）

	満洲国	関東州
昭和９年末	243,868人	154,781人
昭和10年末	322,394	159,314
昭和11年末	376,036	161,203
昭和12年末	418,300	165,098
昭和13年末	522,189	180,689

総数（昭和13年末）
3,862万3,640人

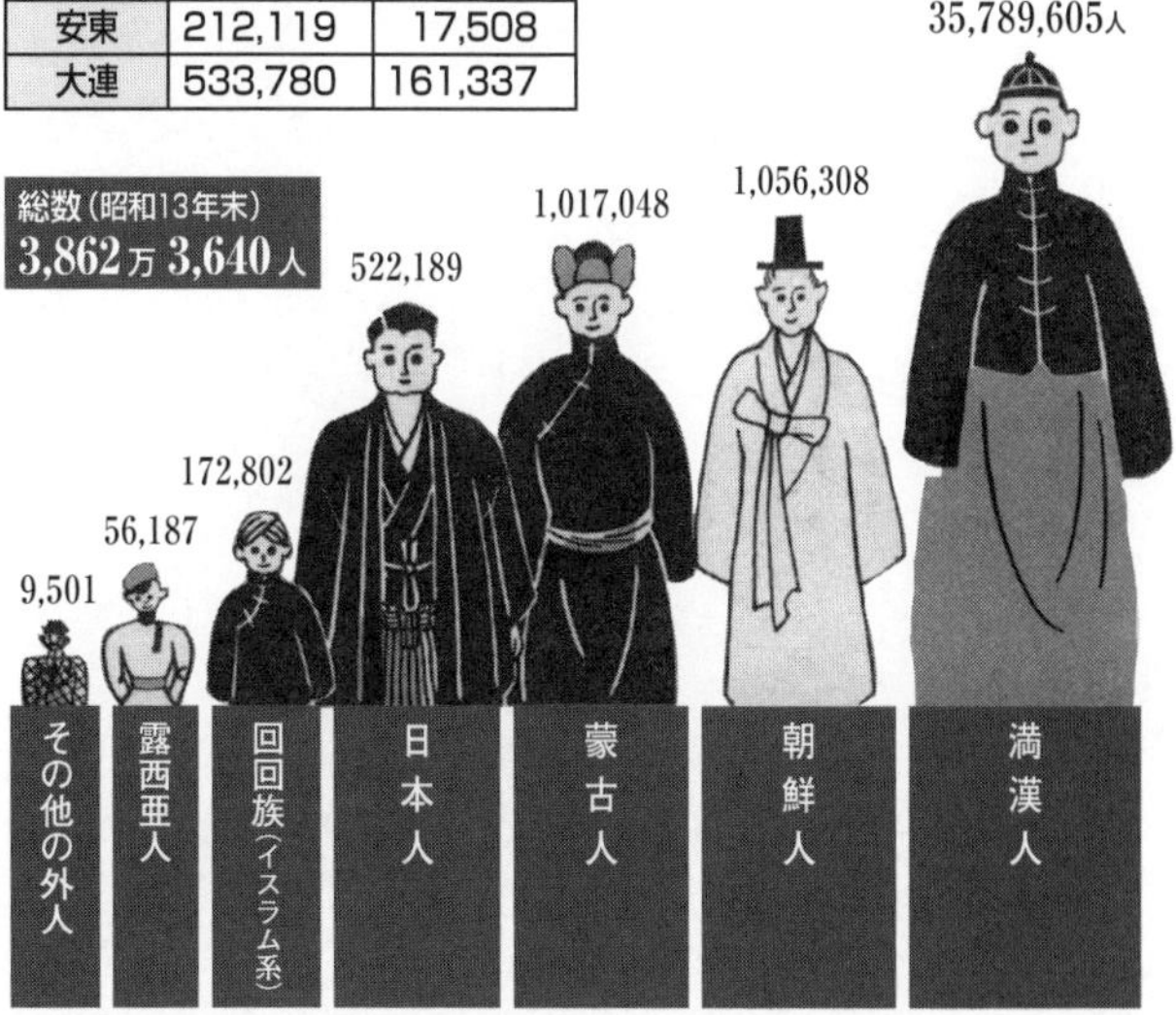

資料により数値に差はあるが、昭和７年（1932）の建国当時、満洲国の人口は約3000万人、そのうち日本人は約24万人で、1％に満たなかった。それが昭和15年（1940）ころには、総人口は4000万人を優に超え、日本人の割合も上昇、その後も開拓団として満洲に渡る日本人は増加し、終戦時には軍隊を除く在留邦人は約135万人から150万人にのぼったといわれる。だが全体的にみれば日本人の増加より、山東省や河北省などからの中国人労働者の流入による人口増加の方が圧倒的に多く、総人口に占める人種別の割合も9割以上を満漢人（満洲民族と漢民族）が占めていた。

出所：満鉄編『満洲現勢図解』（昭和15年）などをもとに編集部にて作成

第2部 満洲国と日本人

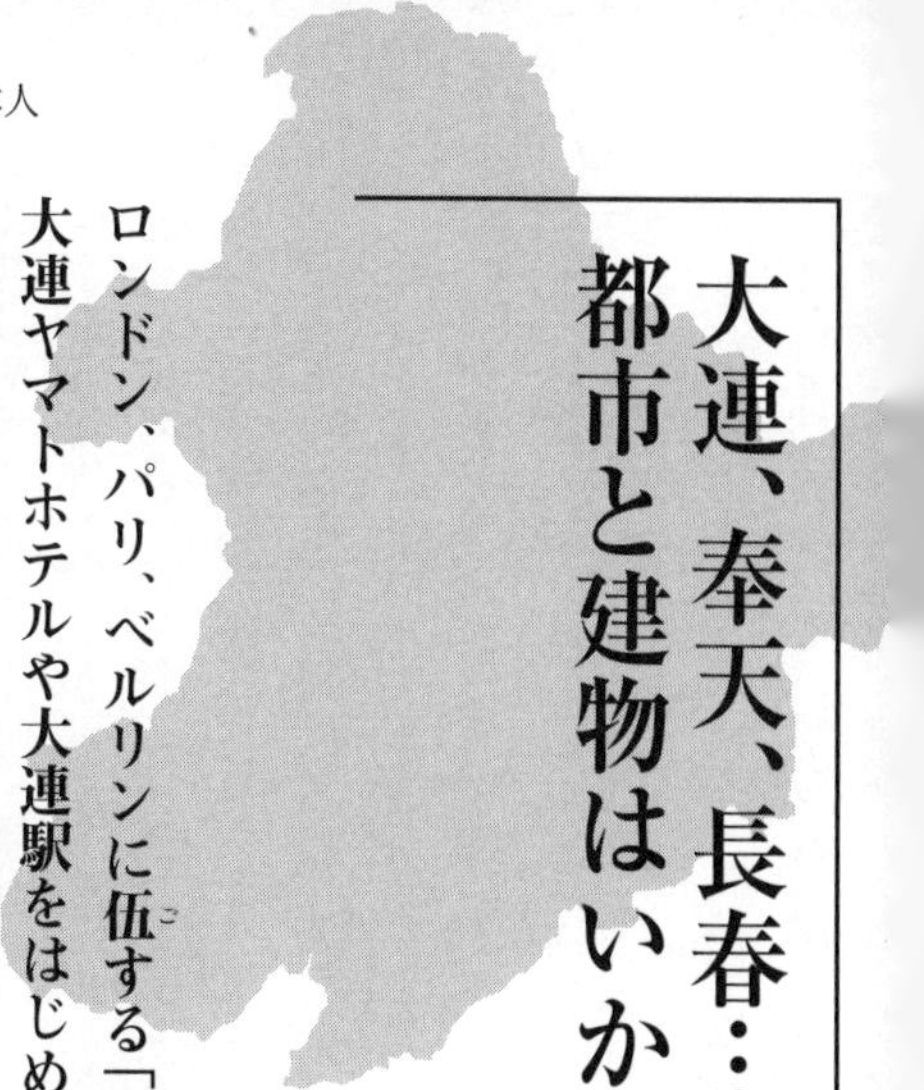

大連、奉天、長春……世界最先端の都市と建物はいかにつくられたのか

西澤泰彦

ロンドン、パリ、ベルリンに伍《ご》する「世界都市」をめざした都市。
大連ヤマトホテルや大連駅をはじめ、世界水準の域に達した建築物。
南満洲鉄道が進めた都市建設は
いかなる目的に基づいていたのか。
そしてこの都市建設や建築物の設計に携わったのは、
どんな人物だったのだろうか。

「文装的武備」という経営理念

明治三十八年（一九〇五）、ポーツマス条約の調印によって、中国東北地方「満洲《まんしゆう》」に対する日本の支配が本格的に始まります。その時に日本が獲得した主な権益の一つが、長春《ちようしゆん》〜旅順《りよじゆん》・大連《だいれん》間の鉄道経営と、それに付随する権利、すなわち、鉄道沿線に設定された「鉄道附属地」に関する権利や、鉄道沿線における鉱山の経営権などでした。

「鉄道附属地」は、鉄道建設のために設定された土地です。ロシアは、満洲の地に東清《とうしん》鉄道を敷設する時、清に鉄道附属地の設定を認めさせました。その時、ロシアは、強引に鉄道附属地の行政権を獲得し、軍隊を駐屯《ちゆうとん》させ、市街地建設などに乗り出し、鉄道附属地を実質的に、上海《シャンハイ》など中国各地に広がっていた租界《そかい》と同様の土地にしてしまっていたのです。

ロシアからその権利を譲り受けた日本は、鉄道沿線に軍隊を駐屯させながら、鉄道附属地の経営を南満洲鉄道株式会社（満鉄）に託します。満鉄は東清鉄道の例にならって、奉天《ほうてん》（瀋陽《しんよう》）や長春など鉄道沿線の主要駅では広大な鉄道附属地を設定して、都市建設に乗り出しました。

その主な手法は、バロック的都市計画と呼ばれるもので、都市の中に複数の広場を設け、それらを見通しのよい幅の広い街路で結ぶというものでした。

そのような都市建設の基本方針を示したのが、初代満鉄総裁の後藤新平《しんぺい》です。彼がめざしていたのは、奉天や長春をパリやロンドンなど欧州各地の首都と並び称せられる街にすることでした。

しかし、そのような欧州の都市計画を書物でしか知らなかった多くの日本人技術者は、道路幅や広場の大きさなど、都市空間のスケールを感覚的に理解することができなかったようです。

奉天など鉄道附属地の都市計画の立案に携わった、満鉄の土木技術者のトップであった加藤与之吉《よのきち》もその一人でした。後藤新平と加藤与之吉は、街路の幅について、論争しています。後藤はパリのシャンゼリゼ通りなどを例にあげて、幅員《ふくいん》の大きな街路が都心で直線的に延びる意味を力説しますが、加藤は荒野の誰もいないところにそのような大きな道路をつくっても無駄であると主張。後藤はついに業《ごう》を煮やし、百聞は一見にしかずとばかり、加藤を欧州視察に送り出しています。

また、このような都市計画に合わせて、満鉄は、駅や病院、役所や学校、ホテルなど公共性の高い施設の建設に力を入れました。こうした施設は、建物が立派であるだけではなく、そこで受けられる教育や医療、サービスも高い水準が求められました。

後藤が満鉄の経営（支配）理念として掲げたのは、「文装的武備《ぶんそうてきぶび》」という考えでした。彼は、満洲支配で重要なことは、「経済的文化的開発」を施し、住民の生活水準の向上を図ることであり、そのためには教育、衛生を充実させ、それらに応じた施設をつくることが必要であると考えたのです。

後藤は満鉄を、ヨーロッパを起点にシベリア鉄道を経て、中国へつながる国際路線の一部と位置づけ、多くの人・物・情報が移動することを想定していました。後藤が意図していたのは、鉄道附属地が、ハルビン、天津《テンシン》、青島《チンタオ》、上海といった列強の中国支配の拠点と比べて遜色のない都市となり、さらにパリやベルリンといった欧州の大都市に伍する「世界都市」になることでした。それによって列強に満鉄の力量を示すとともに、中国人に対しては武力によってではなく、この力量を示すことで満鉄と日本の優位性を示そうとしたのです。

「世界都市」をめざした男たち

鉄道附属地の都市に建てられた建物には、三つの共通点がありました。一点目は、煉瓦造であること、二点目は、日本風ではなく洋風意匠主体の建物であること、三点目は、満洲の厳しい自然状況に適応するとともに、建築界の世界的動向を把握して、絶えず新たな創意工夫が施されていることです。こうした特徴を持つ建築は、「満鉄建築」と呼べるものでした。

たとえば、一九〇八年に建てられた長春の小学校では冬の寒さに備えて屋内体操場をもうけていました。同じ年に建てられた撫順《ぶじゅん》炭坑《たんこう》の社宅は蒸気式地域暖房を備え、水道や水洗便所だけでなく、電気やガスまで供給されたクイーン・アン様式の建物で、当時の日本人にとって想像を絶する高級住宅でした。一九一七年に竣工した満鉄大連医院の二棟の病棟は、平屋の病棟が一般的であった当時の常識を覆し、エレベータを備えた三階建の病棟でした。また一九三七年竣工の大連駅では乗降客の動きを立体的に分離するという非常に斬新な設計が行なわれ、欧州最先端のサナトリウムをモデルにした南満洲保養院などは、当時の世界最先端の建築といえる質の高いものでした。

建物の構造を煉瓦造に決めたのは、満鉄の建築組織の総師であり、本社建築係長（本社建築課長）を務めた小野木孝治《おのぎたかはる》です。建物の構造が煉瓦造になるということは、必然的にその外観は洋風となりました。

小野木孝治は台湾総督府技師在官のまま、満鉄創業時から十六年にわたってその職にありました。彼は清廉潔白な性格で知られ、満鉄の建築工事を受注して業績を伸ばそうとする多数の請負師たちの賄賂攻勢をすべて跳ね返すため、自宅に贈られた金品を、すべてリヤカーに積んで自ら返して回ったという逸話さえ残っています。

小野木は、賄賂を受け取ったり、談合などの不正をすれば建築の質が落ちることを知っていたのでしょう。談合の場合、入札時点で予定価格が洩れているものですが、それを洩らした人物に必ず見返りがいくものです。その見返りや賄賂に使われるお金は工事費から出るので、当然建築の質が落ちることになります。小野木が業者との癒着を断ち切っていたことで、彼の下にいる建築家たちも非常に仕事がしやすい環境にあったでしょう。

小野木の義兄であり、建築設計の腕は小野木を凌駕《りょうが》していたのが太田毅《つよし》です。数ある「満鉄建築」のなかでも、私が頂点に立つと考えている大連ヤマトホテルと奉天駅は、いずれも太田の設計といわれています。

大連ヤマトホテルはルネサンス様式の外観などの意匠や、扇形の敷地形状に合わせて建物の後方が広がっていく平面計画は、非常に完成度が高いものです。奉天駅は、満鉄が創業時に特に重視した「五大停車場（大連、旅順、奉天、長春、撫順）」の一つで、ホテルを併設した満鉄最大の駅舎でもあり、同時に、東アジアに出現した「辰野《たつの》式」建築の代表的な建物でもありました。

満鉄本社の改修設計や、大連ヤマトホテルと向かい合う横浜正金《しょうきん》銀行大連支店の設計も

旧大連ヤマトホテル（現大連賓館）

太田であり、彼の作品には秀作が多いのですが、残念ながら三十四歳の若さで急逝しています。

その他、満鉄創業時期に撫順炭坑営繕課長を務めた弓削《ゆげ》鹿治郎《しかじろう》、太田亡き後の小野木を支えた横井謙介《けんすけ》、市田菊治郎《きくじろう》、安井武雄《たけお》は「個性派建築家」とでもいうべき人々でした。彼らの活動は、質の高い建築を創りだすことで、大連や鉄道附属地の都市が「世界都市」となるための活動であったといえます。彼らは大連に来たことで、ハルビン、天津、青島、上海といった中国各地の「国際都市」が身近になり、グローバルな視点をもつことができたと考えられます。私は、彼らが持っていたグローバルな視点に着目して彼らの活動を批評したいと思います。

満鉄で世界を繋ぎ、満洲を共栄圏に……大構想の始まり

江宮隆之

満洲を清《しん》国に早期返還すれば再びロシアが占領し、
日本人が大量の血を流した日露戦争が無に帰すだろう……。
児《こ》玉《だま》源《げん》太《た》郎《ろう》はその思いから、満洲経営の新構想を練る。
すなわち、南満洲鉄道によって満洲を経済的に発展させ、
東アジアの安定を導くとともに、ロシアの占領を防ぐ、というものだ。
そのグランドデザインと志は後藤新平に、
さらに次代の日本人へと受け継がれてゆく。

史上最強コンビ、満洲構想を練る

史上に名コンビといわれる組み合わせは多いが、明治後期の児玉源太郎と後藤新平の二人こそ、スケールの大きさ、信頼関係の深さ、世界を見据える視点、そのどれを取っても最高最強のコンビであった。そしてこの二人が、日本の満洲経営の幕開けを飾ることになる。

児玉は長州支藩・徳山藩百石の家に生まれた。禄《ろく》を失うなど苦労を重ねながら戊辰《ぼしん》戦争にも参加し、維新後は叩き上げの陸軍下士官として次第に頭角を現わした。その性格は豪放磊《らい》落《らく》、事に当たっては冷静沈着の合理主義、現実主義に立った。

児玉は明治三十一年（一八九八）から明治三十九年（一九〇六）まで八年間にわたって台湾総督の要職にあり、その間に陸軍大臣、内務大臣、文部大臣や陸軍参謀本部次長を兼務。日露戦争で満洲軍総参謀長として活躍した後、再び台湾に戻り、明治三十九年に総督を辞任して陸軍参謀総長となった。

児玉が台湾総督の職にあった八年間、最高の右腕として台湾民政局長・民政長官を務め、台湾開発・発展に実質的に取り組んだのが後藤であった。児玉は、後藤の仕事がやり易い環境を整え、新渡戸稲造《にとべいなぞう》など若い人材を採用した後藤を強力に後押しした。のちに新渡戸はこんなことを語っている。「自分（新渡戸）が二時間かかって理解することを、後藤は二十分で、児玉は十分で理解した」。児玉と後藤の能力を物語る逸話である。

明治三十八年(一九〇五)九月、ポーツマス条約が締結され、日露戦争は終結した。この結果、日本はロシアから遼東《りょうとう》半島南部の租借《そしゃく》権と東清鉄道の南半分（長春から旅順・大連まで）を割《かつ》譲《じょう》された。ただし条約では、この鉄道経営は国営でなく半官半民と規制されていた。

戦後の満洲経営について「満洲問題に関する協議会」では、伊藤博文《ひろぶみ》、山県有朋《やまがたありとも》など元老や桂太郎《かつらたろう》首相の思惑や異論が絡み合って意見の一致を見ることがなかった。中でも伊藤は「満洲は清国の領土だから早期返還をすべし」とする消極論を主唱していた。

これに対して、児玉は「権利として得た鉄道を中心に、日本の権益を広げるべし」とする積極経営論を展開した。伊藤の主張のように満洲を清国に早期返還したならば、そこに再びロシアが侵入してくるのは目に見えている。そうなったら、死者八万四千人、負傷者十四万三千人を出した日露戦争は、まったく無意味の戦いに帰すではないか。満洲こそ、日本に敗れたとはいえ、今なお朝鮮、清国を窺《うかが》う強力な大国であるロシアに対する必要不可欠な緩衝《かんしょう》地帯ではないか。

このような意見を展開する児玉の満洲経営論の骨子は、以下のようなものであった。

「先《ま》ず日露協商を実現し、南満洲鉄道（東清鉄道南半分）をシベリア鉄道経由でヨーロッパと

児玉源太郎

結ぶことでヨーロッパ各国との貿易、交易を実現させる。南満洲鉄道を〝世界を繋《つな》ぐ鉄道〟とし、これによって満洲経済を発展させ、満洲を中心にした新しい東アジア共栄圏を作る。ここに日本、清国、ロシア、さらにはヨーロッパ各国が経済参加することで、清国などアジア各国の近代化にもつながるであろう」

　これは、満洲に関係する各国がともに栄えようという意味で、満洲建国時に掲げられた「五族協和」すなわち、漢人・満洲人・蒙《もう》古《こ》人・朝鮮人・日本人が共栄し、それをアジアに波及させることを目指す精神の萌《ほう》芽《が》でもあった。

　児玉は、日露戦争開始直後の明治三十七年（一九〇四）五月に後藤から手紙で「イギリス東インド会社を念頭に入れた満洲経営を」という提案を受けていた。東インド会社は、イギリスがインドを植民地支配する際に経営主体になった半官半民の国策会社である。後藤は、日露戦後の遼東半島から満洲に掛けてのグランドデザインを描くのは児玉であり、その場合手本にするのは東インド会社だ、と見据えていたのだった。

児玉の頭には、かつて自らが後藤とともに実践した台湾経営という成功例もあった。「経済を優先してこそ人々の暮らしは安定し、統治も困難ではなくなる」という考え方である。いわば満洲でも同じ手法を用いることを、児玉は思い浮かべていたのだ。満洲の経済的発展によって東アジアを安定させることで、懸念される第二次日露戦争や満洲への列強進出も阻止できるというものである。武断的な支配ではなく、「民政優先支配」とでも言い換えることができるだろう。

後藤新平

児玉と後藤の会談

児玉の構想の中心にあったのは、南満洲鉄道（満鉄）であった。明治三十九年一月、満洲経営委員会の委員長に任命された児玉のこうした主張は政府にも理解された。七月に発足した満鉄設立委員会でも、その委員長に就任した児玉は、以前から考えていた通りに「会社形態で経営される満鉄こそ、文官統治体制をとるべきだ」という主張に沿って、その実行に着手した。

つまり、満洲経営の根幹である満鉄は単なる鉄道会社ではなく、国家プロジェクトに従って経営されるべきで、そのためには巨額の国家資本を投入して、社会環境や住居環境を整えるという大きな計画の上に成り立つものとしたのである。

事実、満鉄の資本金は国家予算の半分に当たる二億円という巨大なものであった。そして、一億円は政府が出資し、残る一億円は株式募集で賄《まかな》うという方針が立てられた。

児玉は、さらに満洲における軍部の特権的な立場を縮小することを考えていた。それは「強い軍部の存在は、清国ばかりか米英などをも刺激する」という危惧から来ていた。旅順軍港への一般船舶の入港制限など、厳しい軍事的規制を撤廃・緩和することが、満洲経営の根幹だというのである。

ところが結果的に、満鉄の業務監督権は関東都督《ととく》にあるとされた。遼東半島の大連、旅順などの租借地は「関東州」と名付けられ、都督は陸軍大将あるいは中将が務めたために、陸軍の影響力は極めて強かった（のちに、この関東都督府が「関東軍」と「関東庁」に分離し、関東軍は日本の大陸政策を左右する存在となる）。それでいながら、政府側の満鉄責任者は外務大臣である、というのが桂太郎の後継首相になった西園寺公望《さいおんじきんもち》の見解で、満鉄の対外交渉事項の監督権は外務省が持つことになった。児玉にすれば、これでは満鉄経営は主体がないのも同然だという思いであった。

もっとも、満鉄経営に陸軍が影響力を持つとはいえ、児玉の主張する民政優先の経営方針が否定されたわけではなかった。その上で、満鉄を経営する初代総裁の人事が話題に上がった。初代総裁は、児玉にとって「盟友」ともいえる後藤新平が候補に上がり、これには伊藤も山県も西園寺も異論はなかった。台湾での実績が加味されていたことは確かであった。そこには、後藤ならスムーズな満鉄経営を行なうに違いないという児玉の思惑もあった。

しかし、西園寺らから初代総裁の要請を受けた後藤は、その就任を蹴った。理由は①台湾は日本国領土であり住民はすべて日本人となっているが、満洲は清国領土であって、住民も清国人、ロシア人、日本人が混在している②台湾統治では民政移管に際して総督の児玉が全面的に支持してくれた③半官半民の満鉄は東インド会社のような軍隊を持たず、治安を維持できるか不安が残る④清国領土である満洲への日本移民をどのように進めればよいのか方針が不明――などであった。

匙《さじ》を投げた西園寺は、後藤と児玉の会談を要請した。つまり児玉に後藤の説得を依頼したのである。後藤こそ適任、と考える児玉は、早速話し合うことにした。明治三十九年七月二十二日の夜、後藤は児玉邸を訪れた。二人の間には激しい論争もあった。児玉は「満鉄経営で君がやりにくいことが起きれば、必ずこの児玉が力を尽くす。今までの俺たちの関係を考えれば、それは分かるだろう」と、懇願に近い形で説得した。しかし、後藤の返事は「考えさせて欲しい」というものであった。

翌日、変事が起きた。

「世界を繋ぐ鉄道」の実現へ

七月二十三日早朝、児玉邸に電話を掛けた後藤は、児玉の異変を知る。前夜か早朝か、児玉は息絶えていた。脳溢血《のういっけつ》である。五十五歳。早過ぎる児玉の死を前にして、後藤は遂に満鉄総裁を引き受けることになった。引き受けることが、児玉への恩返しであった。

こうして満鉄の初代総裁になった後藤は、児玉の志を引き継いで、軍部を極力押さえ込む方法を取った。後藤は満鉄の監督官庁である関東都督府の最高顧問も兼任することを、総裁就任条件にしていたのだ。「満洲経営の中心はあくまでも満鉄である」という児玉の遺志に添ったのである。

後藤が目指した満鉄経営とは、単に鉄道を運営する会社ではなく、満鉄を核にして都市開発と産業振興を行なう複合企業体であった。これには国も大きく関与する。さらに満鉄は、鉄道事業とその付帯事業の用地内で土木、教育、保健衛生などの施設の整備も進めた。

後藤は、満鉄経営のキャッチフレーズとして「文装的武備」を唱えた。これは、文治で産業経済を発展させ、日本からの移民が満洲に定着すれば、多大な費用を掛けて軍隊を駐留させるよりも効果は大きい、鉄道をきちんと整備しておけば緊急時には兵員輸送に使用できる、ゆえにこの文装的武備の要諦は経済発展にあり、人々の文化力を養うことである、というものであった。

つまり、「軍人の武断政治に対してのアンチテーゼともいえる文治・民政」こそが、後藤がこの言葉に秘めた「児玉の遺志」であった。こうした満鉄経営策の中心には、台湾統治と同様に、若く、力のある人材の登用もあった。「満鉄は午前八時の人間でやる」を後藤は持論としていた。「午前八時」つまり「若い人間」でやる、という意味であった。中村是公《なかむらよしこと》、国沢新兵衛《くにさわしんべえ》、久保田政周《くぼたきよちか》など十人ほどがその「午前八時の人材」であった。

後藤の満鉄経営は、大連中心主義を取った。大連は不凍港であり、満鉄の始発駅でもある。さらに長春、奉天、安東《あんとう》など十四都市の都市計画も立案しようとした。街路、堤防、橋梁《きょうりょう》、上下水道、公園、市場、墓地までもが計画にはあった。例えば、大連市の中央広場はパリをモデルにして八本の放射街路が計画され、最大幅員三十間《けん》（約五十四メートル）という豪壮なものであった。

さらに後藤は、外交にも力を入れた。ロシアとの交渉の結果、満鉄とシベリア鉄道の連絡運行を取り付け、これによって明治四十年（一九〇七）には日露協商を成立させた。一方でアメリカへの配慮も怠ることなく、鉄道の線路幅に世界標準の広軌道《こうきどう》の四フィート八インチ半（約百四十三センチ）を採用して、レール、機関車、客車、貨車などをアメリカに発注した。

児玉が夢を見、後藤が方針とした「世界を繋ぐ鉄道・満鉄」の大構想は一歩一歩実現に向かって走り出していた。総裁就任から一年八カ月後、第二次桂太郎内閣が組織されると、後藤は逓信《ていしん》大臣に起用された。満鉄の後任総裁には中村是公が昇格して、児玉・後藤の志は次代へと引き継がれることになったのである。

『歴史街道』コラム１

シャンゼリゼを見てきなさい……後藤新平の都市計画

後藤新平の満鉄総裁の仕事振りはどのようなものであったか。それをうかがい知るのに最適なのは、「長春《ちょうしゅん》の都市計画」であろう。

その構想はとにかく、広大無比であった。後藤新平は長春駅近隣に満鉄附属地として150万坪あまりの土地を買収。このうちの120万坪に第１期の市街計画を描いたのである。

これを担当したのは1867年生まれの加藤与之吉であった。後藤が語る「満鉄は午前八時の人間でやる（＝若い世代を登用する）」の真骨頂といえよう。加藤は、長春駅前に半径90メートル余りの円形大広場を設け、さらに109メートル×218メートルの長方形の街区を並べる計画案を作成した。

問題は、道の広さだった。加藤は、東京や大連の都市計画を参考に、幅27メートルを想定した。しかし、それに対して後藤はこう告げる。

「君はヨーロッパを見たことがないだろう。いますぐ、パリのシャンゼリゼを見てきなさい」

結果として、長春の主要道路は36メートル幅となった。現代日本において東名高速の三車線区間が路肩も入れて32メートルであることを思えば、その発想がいかに広壮なものであったかがわかるはずだ。後藤の「文装的武備」への覚悟の深さが、ひしひしと伝わってくる。

やがて満洲国が建国された後、長春は新京と名前を変え、満洲国の首都となる。1931年に10万人強であった人口は、36年には30万人を超えていくが、しかし後藤の構想は、それを支えてなお余りあるものであった。1937年に発行された新京PRのパンフレットには、こんな数字が紹介されている。

「世界大都市の公園面積比較：ベルリン2パーセント、東京2.88パーセント、新京７パーセント」

米国資本で満洲を守れ！
型破りの満鉄社長、起死回生に挑む

小山俊樹

「満洲の広野へ電信柱の一本や二本立てるのに、何をぐずぐずやかましくいっているのだ。俺と君とがじゃんけんして、勝負をあっさり決めてしまいたい」

さすがの張作霖《ちょうさくりん》もその申し出には、苦笑して兜《かぶと》を脱いだ。

満鉄社長・山本条太郎《やまもとじょうたろう》の、鮮やかな中国流交渉術である。

そして山本は、ソ連の脅威と中国人の不法行為に直面する満洲を守るべく、大胆な構想を抱く。米モルガン商会に満鉄へ出資させようというのである。

「それ、条どんが駆け出した」

昭和初頭、南満洲鉄道（満鉄）は大きな危機に直面していた。その理由は「二つの革命」にあった。明治四十四年（一九一一）の辛亥《しんがい》革命と、大正六年（一九一七）のロシア革命である。

日露戦争直後、日本は日露協商を結んで満洲の安定と経済発展を実現させようとしていた。しかし、ロシア革命が勃発し、そのプランは水泡《すいほう》に帰《き》してしまった。しかも、辛亥革命以降、中国でナショナリズムが燃え上がり、満洲の日本権益も脅かされる。満鉄に並行して走る鉄道線の建設をはじめ、様々な妨害工作が繰り返されて、満鉄の経営は非常に悪化しつつあったのである。

このような状況の中、立ち上がった男がいた。満鉄第十代社長を務め、満鉄中興の祖と呼ばれた山本条太郎である（在任：昭和二年〈一九二七〉七月～昭和四年〈一九二九〉八月）。

山本は満鉄の経営改革を強力に推《お》し進めるとともに、張作霖との交渉で満鉄自身の手で新路線を建設する権利を勝ち取り、それをテコに満鉄の経営を改善することを考えた。しかも、その資金をアメリカから導入して盤石《ばんじゃく》な外交政治基盤をつくろうという大構想を抱いていたのであった。

山本がこのような発想を抱いたのは、彼自身の来歴によるところが大きい。山本は慶応三年（一八六七）十月十一日、福井藩の微禄《びろく》の御坊主の家に生まれ、明治十四年（一八八一）に丁稚奉公《でっちぼうこう》のかたちで三井物産に入社した、叩き上げの人物なのである。

小僧の時分から目端《めはし》の利《き》いた山本は、抜擢されて出世していく。当時は電話もない時代であり、店の小僧が米や株式の相場の連絡係を務めていた。この仕事を任された山本は、いつも悠然と将棋を指していた。だが、何かを直感すると、たちまちコマを投げ捨てて猛然と駆け出してゆく。山本が駆け出すたびに、相場は暴騰か暴落を繰り返すので、やがて「それ、条どんが駆け出した」と市場関係者の間で騒がれるようにまでなったという。

山本条太郎

しかし、自ら相場に手を出して大儲けしたのがバレてしまった。店員が相場に手を出すのはご法度《はっと》である。懲罰的に中国との貿易船での勤務を命じられるが、そこでも頭角を現わし、明治二十一年（一八八八）から上海支店などで約二十年間、活躍することになる。

明治二十四年（一八九一）には単身満洲に乗り込んで、特産品である大豆の海外輸出ルートを切り拓いている。この大豆輸出が満洲の産業の基盤になり、日本の満洲経営の基礎にもなった。後年、満洲の地で満鉄社長を務めた山本は、「満洲の日本人の数は、この三十七年間で二十万倍増加した。三十七年前、在満の日本人は私一人だったからだ」とユーモアたっぷりに話したという。当時の活動を誇りに思うところがあったのだろう。

三井物産独自の中国ビジネスを確立したのも山本である。現在もそうだが、中国で外国人が商売するのはきわめて難しく、中国の仲介業者に高いリベートを払うことが通例だった。しかし、これは非常に無駄である。そこで山本は、店員に中国服を着て中国語を話すように命じた。また、「中国人の心理や国民性を知るために中国のファミリーライフを体験すべきだ」と語り、店員を中国人の家に寄宿させ、中国人との結婚に奨励金を出す規定まで作った。そして自らも率先垂範して中国人の中に入り、中国のあり方を徹底的に研究。中国人から「日本の生きた国宝」と呼ばれるほどの信頼を勝ち取るに至ったのである。

現在も日本の「商社」は世界に類を見ない独特な組織だといわれるが、その一つの原型は、山本の中国での活躍にあったともいえよう。

ところが、山本四十六歳の大正三年（一九一四）、第一次山本権兵衛《ごんべえ》内閣を内閣総辞職に追い込んだシーメンス事件（ドイツの重工業メーカー・シーメンスによる日本海軍高官への贈賄事件）に連座して、三井物産を辞めざるを得なくなった。様々な事業を立ち上げた後、山本は大正九年（一九二〇）、五十二歳で政界に進出する。シーメンス事件の影響もあって大臣にはなれなかったが、立憲政友会《りっけんせいゆうかい》で幹事長という重責を担うまでに至る。

政治家時代に特筆すべきは、やはり対中政策への慧眼《けいがん》であった。大正十三年から昭和二年（一九二四〜二七）まで、憲政会《けんせいかい》（後に立憲民政党《りっけんみんせいとう》）の加藤高明《たかあき》内閣、若槻禮次郎《わかつきれいじろう》内閣で外務大臣を務めた幣原喜重郎《しではらきじゅうろう》が、不干渉主義・協調主義を標榜し、腫れ物に触るような中国外交を展開する。これが中国人の日本人への軽侮《けいぶ》を招き、日本排斥の火に油を注ぐことになった。これに危機感を覚えた山本は、昭和二年二月に、森恪《もりつとむ》・松岡洋右《ようすけ》ら政友会の視察団を率いて旧知の中国へ視察の旅に出たのである。

往復四十余日の行程で、山本は百数十人に及ぶ要人と会見しているが、この時に、コミンテルンから派遣されて中国国民政府の政治顧問を務めていたミハイル・ボロディンとも会見している。山本は「今回の視察旅行中、最も深い印象を受けた人はボローヂン氏であった。会ってみて、なるほどこの男にして初めてよくこれだけの仕事を成しえたとの感じを受けた」と述べている。国民政府を裏から動かす人物の核心を鋭く見抜いたのである。

中国視察の後、山本は次のように分析している。

「孫文《そんぶん》が連ソ容共（ソ連と結び、共産党を容《い》れる）の政策をとって以来、共産党は国民政府のひさしを借りて奥座敷を占拠した形となり、ボローヂンをはじめ数百名のソ連人が顧問として政府、軍隊に食い入り、蔣介石麾下《しょうかいせききか》の軍隊内にも共産主義が潜入した。蔣介石とボローヂンとは、早晩分裂するに相違ないが、かく深く根を張った共産党を軍隊の中からふるい落とすことは容易ではあるまい。これは将来における大きな禍根《かこん》となるであろう」

「共産党の魔手《ましゅ》に操られてストライキが頻発し、日本人の生命財産は危険に瀕し、多年額《ひたい》に汗して築き上げた地盤を、一朝にして破壊されんとしている。いまや北方の軍閥と国民政府の戦い（北伐《ほくばつ》）は、ソ連の計画によるものといいうる……」

「じゃんけん外交」とモルガン商会の出資

昭和二年四月、昭和金融恐慌をきっかけに第一次若槻内閣は倒れ、政友会の田中義一《ぎいち》内閣が誕生。山本条太郎は満鉄社長に就任した。ここで山本は水を得た魚のように、自らのプランに基づいて次々と難題を解決していくのである。

山本は就任するや「経済化と実務化」という標語を掲げて、組織改革を断行。官僚主義の弊害にメスを入れ、不要不急の事業を削減していった。部下が予算案を持っていくと、山本は「この額でやれ」とバッサリやるが、いつもその数字は部下が「最終的にはこの線で」と踏んでいた内容と同じだったという。実務を知り尽くした山本らしい逸話である。

さらに山本は「臨時経済調査委員会」を設置して、調査部のベテランに満洲経済の徹底調査を命じた。まさに三井物産時代に培った現場主義の発露であった。満鉄は国策会社であり情報機関であったともいわれるが、その素地は山本が築いたともいえるのである。

こうした改革と併せて、山本は自らの構想を実現すべく、新規五路線の建設について張作霖との交渉に臨む。

昭和二年十月に行なわれた交渉の冒頭、山本はいきなり張作霖に向かって拳《こぶし》を突き出して、こう切り出した。

「満洲の広野へ電信柱の一本や二本立てるのに、何をぐずぐずやかましくいっているのだ。俺と君とがじゃんけんをやって、以後電信柱の一件をやかましくいうかいわぬかの勝負をあっさり決めてしまいたい」

当時、満鉄の附属地こそ日本の力が及ぶ場所であったが、一歩そこを出ると、新規路線どころか電信柱を立てる許可すら下りない状況だったのである。しかし張作霖も、山本のこの申し出には、「この勝負はじゃんけんをするまでもない、俺の負けだよ。電信柱の件はよろしいだろう」と苦笑と共に受け入れざるを得なかった。こんな一見乱暴な交渉ができたのも、山本が中国人の心理を知り尽くし、中国での交渉はトップとトップで腹を割って意見をぶつけあうことが一番の近道であることを熟知していたからであろう。

しかも山本は、この新規路線建設の資金をアメリカのモルガン商会からの出資で賄うことを前提に、強力に交渉を進めていった。

モルガン商会との交渉に当たっていたのは、日銀総裁や蔵相を歴任した井上準之助《じゅんのすけ》である。じつはモルガン商会と井上の交渉は、一九二〇年代初頭に一度進んでいた。そのときは経済的な理由で妥結しなかったが、モルガン商会代表のトーマス・ラモントが井上を非常に高く評価し、それがこの昭和二年段階での交渉に結実したのだった。

アメリカは当時、空前の好景気に沸いており、投資先を探していた。日本側はこの機を逃さず交渉を仕掛けたのである。昭和二年十月にラモントが再来日。あとはアメリカの国務省が首を縦に振れば妥結というところまでこぎつけたのであった。山本は井上と密接に連絡を取り合い、この交渉の状況を確認したうえで張作霖との対面に臨んでいたのである。

山本はすでに大正十四年（一九二五）に次のように語っている。

「アメリカ人は資本の発展を望んでおり、また、資本を取り返せぬ事態を招くようなことはしない。日米が利害共通の親密な関係となれば、両国が事を構えることはなくなるであろう」

山本は日米関係の強化により、ソ連からの脅威に備え、満洲での中国人たちの不法行為を防ぐことを考えたのであった。そして、門戸開放と治安安定を実現させ、諸国の富が集まる「平和で発展した満洲」を実現させようとしたのである。まさに叩き上げの経済人らしい大構想であった。

そして昭和二年十月十五日、張作霖もついに、満鉄の新規路線建設を認めたのであった。

あと一歩のところで……

しかし、山本の構想は、あと一歩のところで挫折する。その一つの要因は張作霖政権側からの反撃であった。いったんは山本に押されて新規路線建設を呑《の》んだものの、張作霖側はそれをなんとか有名無実化しようと様々な妨害工作を行なったのである。

張作霖の腹心の楊宇霆《ようう てい》が英米記者を集めて「アメリカが満鉄の社債を引き受けるならば、現在日本に集中している中国の排日感情をさらにアメリカへ仕向ける結果になろう」と批判。さらに米大統領への書簡など様々な世論工作が行なわれた。また、ソ連の指導のもと、日英の権益を排撃《はいげき》してきた国民政府も、アメリカへの働きかけを強めた。まさに国際世論に訴えかけて巻き返しを図る、中国の常套《じょうとう》戦術が展開されたのである。

その結果、昭和二年の秋から冬にかけて、アメリカのメディアもこの問題を取り上げるようになり、スタンダード石油会社なども中国での米貨排斥を恐れてモルガン商会に断念するよう申し入れる。国務省も認めるところとならず、同年末にはモルガン商会は満鉄への出資見合わせを表明するに至ったのであった。

もう一方で、山本の交渉の足を引っ張ったものがあった。彼の交渉に、日本側の縦割構造が適応できなかったのである。頭越しの交渉に立腹した外務省は、露骨に横槍《よこやり》を入れてきた。また、一度は交渉を妥結しながら裏で画策する張作霖への怒りも高まり、その排除を求める声も強くなった。

そんな状況の中、昭和三年(一九二八)六月四日、張作霖は北京《ペキン》から奉天に戻る列車で爆殺されてしまう。この事件が伝わるや、山本は「これで自分が満洲に来て今日まで計画し、今後なさんとしたことは、全部水泡に帰した。田中内閣も近く土崩瓦解《どほうがかい》だ」と深く慨嘆《がいたん》したという。

山本条太郎の構想が実現すれば、その後の歴史が大きく変わったことは間違いない。そのためには「関税自主権を認める」など、中国側のナショナリズムを緩和する寛大な条件を加味した交渉が行なわれるべきだったかも知れない。山本が懸念した共産勢力の浸透もあいまって、中国の排日熱が過度に高まっていたからである。

だが、それまでの幣原外交があまりに「寛大」に過ぎたために、二大政党制だった当時、政友会の田中内閣としては、そのあり方を徹底的に批判するしかなく、宥和《ゆうわ》策が打ち出しづらかった。これは大いに不幸なことであった。

山本の夢が破れるとともに、日本はさらなる苦境へと追い込まれていくことになるのである。

『歴史街道』コラム2

「満洲国」と「満鉄」が遺したもの

昭和20年(1945)8月8日、ソ連は日本に一方的に宣戦布告、翌9日、大軍がソ満国境から雪崩《なだ》れ込んできた。14日に、日本はポツダム宣言受諾を決定、翌15日、戦争終結の詔書《しょうしょ》が発表された。そして18日に皇帝・溥儀が退位し、満洲国はわずか13年でその幕を閉じた。

満鉄は中ソ共同で経営されることとなり、名称も中国長春鉄路へと変更された。終戦時点での従業員総数は約40万人、うち日本人は約14万人という外地最大の株式会社も、満洲国の消滅によって、その40年の歴史に終止符を打ったのである。

しかし、満洲国と満鉄は潰《つい》えたが、荒野をゼロから開発していった経験と技術は、戦後日本の復興に活かされていった。例えば、満鉄調査部の宮崎正義《みやざきまさよし》が中心となって作成した、官僚主導の「満洲産業開発五カ年計画」は、岸信介らによってそのまま戦後日本の高度経済成長を支えるグランドデザインになった。

また技術面では、昭和39年(1964)に開業した東海道新幹線に、満鉄の「あじあ」の技術が活かされている。当時、国内は狭軌の線路を使用していたが、新幹線には、満鉄で使われていた広軌の線路が採用された。そして元満鉄理事の十河信二《そごうしんじ》は、「鉄路を枕に討ち死に覚悟で」という台詞《せりふ》を吐いて国鉄総裁を引き受け、新幹線計画を強力にバックアップした。さらに今日では、鉄道会社がホテルや沿線の宅地開発など、多角経営をするのはごく当たり前だが、それも満鉄の経営がモデルとなっている。

欧米の植民地では、本国の技術や経験が、植民地に投入されるのが普通である。しかし、満洲と日本においては、満洲で培われた技術や経験が、日本本国へフィードバックされるという逆転現象が起こったのである。

二万のユダヤ人の命を救った
ある軍人の武士道——樋口季一郎

秋月達郎

ナチス・ドイツの迫害から逃れるために、
シベリア鉄道ではるか満洲国をめざしてきた
二万人のユダヤ人。
しかし、満洲国はビザなしの入国を認めず、
かれらは凍土の中、立往生《たちおうじょう》してしまう。
この窮状に、ひとりの特務機関長が、
職務権限逸脱を承知のうえで決断を下した。

エルサレムの丘に名を刻まれる日本人

エルサレムの丘に、イスラエル建国の功労者として名を刻まれている日本人は少なくとも三人いる。ひとりは日米開戦前夜の昭和十五年（一九四〇）の夏、六千人からのユダヤ人難民にビザを発給した在カウナス（当時のリトアニアの首都）の杉原《すぎはら》千畝《ちうね》領事代理であり、ひとりは日本陸軍にあってユダヤ問題の筆頭とされていた大連特務機関長・安江《やすえ》仙弘《のりひろ》大佐であり、いまひとりが安江と陸軍士官学校の同期である樋口《ひぐち》季一郎《きいちろう》である。

安江がロシア語を習得し、かつパレスチナへの出張を行なうなどユダヤ関連の時事に精通していたのと同じく、樋口もポーランドやドイツを足がかりにロシア方面の時事に卓越した知識と人脈をもっていた。また安江が大連にあったのとほぼ時を同じくして、樋口は哈爾浜《ハルピン》特務機関長を務めていた。後世まで語りつがれることとなった「オトポール事件」は、ふたりが大連と哈爾浜に赴任していた昭和十三年（一九三八）三月に勃発している。

ちなみに樋口は、養子である。以前の苗字は奥濱《おくはま》といい、兵庫県淡路島《あわじしま》に生まれた。十八歳のとき、岐阜県大垣市《おおがきし》歩行町《おかちまち》の樋口勇次《ゆうじ》と縁組している。また石原莞爾《いしわらかんじ》と同期にあたり、ふたりは朋友《ほうゆう》の間柄にあったが、樋口の場合、石原ほど世に知られているわけではない。だが、太平洋戦争中、樋口の為した事績を耳にすれば、多くの人は「ああ、あれがそうか」と納得するに違いない。樋口は昭和十七年（一九四二）夏に北部軍（後に北方軍、第五方面軍と改称）の司令官に親補《しんぽ》されるや、終戦まで北東太平洋における陸軍作戦を指揮した。すなわちアッツ島の玉砕、キスカ島からの撤退、敗戦後の占守島《シュムシュ》や樺太《からふと》におけるソ連軍との戦闘である。つまり日本陸軍最初の玉砕と最後の勝利を経験した将軍ということになるのだが、それらについては本稿では触れない。

オトポール事件である。

哈爾浜特務機関長時代の樋口季一郎（昭和12年）

義をもって、弱きを助ける気質

事件は昭和十三年三月八日、にわかに生じた。ナチスの迫害から逃れてきたユダヤ人の難民がソ満国境の駅オトポールに集結し、満洲国への入国を求めているという報告が樋口へもたらされたのだった。オトポールと鉄路で接する満洲国側の駅は満洲里だが、どちらの駅もさして大きなものではなく、大雪に見舞われればすぐに埋まってしまうような片田舎の小駅にすぎない。そこへ最終的には二万人になんなんとする難民が到着してしまった。かれらはフランクフルトからポーランドへ雪崩れ込んだのだが、すでにポーランドは数百万のユダヤ人を抱えており、受け入れは不可能だった。次にソ連を頼った。ソ連ではこのときスターリンの煽《せん》動《どう》によって、シベリア東部のビロビジャンにユダヤ自治州が建設（一九三四年五月七日）されていた。そこへ行け、といわれたらしい。

しかし、この最果ての地はベルギーよりも広い地域ながら人口は三万二千人で、自治州とはいえユダヤ人は八千二百人しかいなかった。しかもあらかたが森林で、家を建てるには原生林から材木を切りださねばならず、機械らしい機械は皆無で、馬すら遠隔地まで仕入れに行かねばならなかった。さらに無数の虫が襲来し、馬を一網打尽《いちもうだじん》にする伝染病も蔓延、気候は想像を絶するほどに厳しい。要するにまったく開発されていない入植地で、実際、これまでに入植したユダヤ人の四割は逃げ散っている。そのようなところに、フランクフルトで文化的な生活を送っていたユダヤ人が定住できるはずがない。

かれらは文字通り、凍土へ放りだされた漂泊者だった。しかし、生きるためには定住できる土地まで移動しなければならない。ありったけの金をはたいてシベリア鉄道の貨車に乗り込み、さらに支線に揺られてきたのだが、満洲国が入国を拒否したため、春の雪の中で立往生しているという。どのような状態かと樋口が詳細を問えば、食糧はすでに尽き、飢餓と寒さのために凍死者が続出し、かなり危険な状態にさらされているという。

「なんということだ……っ」

樋口は呻《うめ》いた。さらに問えば、難民たちは上海へ向かいたいと主張しているらしい。上海はこの時期、世界で唯一ビザ無しで上陸できる国際都市で、すでに二万七千人からのユダヤ人が、日本海軍の設《しつら》えた居住区に難を逃れていた。杉原千畝が発給したビザで日本に来たカウナスのユダヤ人らも、目指したところは上海である。オトポールで立往生しているユダヤ人たちも、たったひと駅満洲里まで入ることができれば、あとは満洲鉄道で大連まで南下し、船で黄海《こうかい》を渡れば上海に辿りつける。しかし満洲国はビザ無しの入国は認められないという頑《かたく》なな姿勢をとり続けている。

「入れてやればいいではないか」

樋口のひきだした結論は、それだった。人道上あたり前の行為といっていいし、もうひとつ、樋口は峻拒《しゅんきょ》できない立場にあった。話はやや遡《さかのぼ》るが昭和十二年（一九三七）の暮れ、哈爾浜に着任したばかりの樋口の許《もと》へ、ひとりの客が訪れた。哈爾浜ユダヤ人協会の会長を務めるカウフマンなる内科医で、市内の総合病院の院長を務めていた。かれの切り出した用件は「哈爾浜においてユダヤ人の大会を開催させて頂きたい」というものだった。ナチスの迫害を世界に訴えたいというのが主眼だという。

——なるほど。

樋口は駐在武官となっていたドイツやポーランドにおいて、ユダヤ人がどれだけ悲惨な目に遭《あ》わされているか、つぶさに観察している。日本国が国是として平等主義を奉じ、自分が身をおく満洲国もまた五族協和を謳《うた》っている以上、支援しないわけにはいかない。なにより、樋口自身が人道主義を標榜している。すみやかに承知した。

こうして昭和十二年十二月二十六日、哈爾浜商工倶楽部において、第一回極東ユダヤ人大会が開催される運びとなった。集まったユダヤ人は二千人に及び、上海をはじめ、東京や天津や香港《ホンコン》からもやってきた。もちろん、樋口も顔をだした。というより来賓《らいひん》として招待され、演説までやらされる羽目になった。最初は断っていたのだが、大会でカウフマンらの熱弁を聞いているうちに胸が熱くなってきた。

おそらく樋口は感情の量が普通人よりも多いのだろう、結局、壇上に立つこととなり、

——ユダヤ人を迫害したり追放したりする前に、かれらに安住の地を与えるべきだ。

という主旨の演説をぶった。

この演説は喝采《かっさい》と熱狂の渦《うず》をもって歓迎され、ユダヤ人協会の幹部らは相次いで樋口に握手を求めたが、日本の軍人としてはかなり不穏当《ふおんとう》なものだったに違いない。事実、閉会してすぐ、哈爾浜に駐在する各国特派員や新聞記者が樋口に殺到した。……あなたの演説は、日独伊の三国の友好関係に明らかに水を差す、それでも構わないのか。樋口は首をひねった。馬鹿馬鹿しい質問をするな、と発火するように思い、こう応えた。

――祖国のないユダヤ民族に同情的であるということは、日本人の古来の精神である。日本人は昔から、義をもって弱きを助ける気質をもっている。イデオロギーの問題と混同しては困る。

その意見をそのまま、樋口はオトポールの収拾に投入した。一介の特務機関長としては甚だしいまでの職務権限逸脱といっていいが、関東軍司令部になんの許しも得ぬまま満洲国外交部（外務省）の哈爾浜代表部次長下村信貞《しもむらのぶさだ》を呼びよせて満鉄を動かし、救援列車を満洲里まで急行させたのである。

日本はドイツの属国ではなく、満洲国も日本の属国ではない

それにしても、二万人は途方もない数といっていい。哈爾浜以北の満鉄のダイヤを独り占めしない限り、とてもではないが救出できないだろう。しかし、樋口らはそれをやってのけた。事件発生から四日後の三月十二日、オトポールから陸続《りくぞく》と国境を越えてくる難民を次々に迎え入れて列車に乗せ、哈爾浜まで移送し、食事を与え、医療を施した。哈爾浜駅の騒擾《そうじょう》ぶりは想像してもあまりある。炊き出しの煙が霧のように駅舎を包み込む中、次から次へと到着する列車からは無数の難民が転げ出し、夥《おびただ》しい数の救護班が担架を担いで駈《か》けずり回ったに違いない。それはまるで駅が野戦病院と化《か》したかのような光景だったろう。やがて難民たちは哈爾浜市内の商工倶楽部や学校に収容され、食事と寝床を与えられた。無論、この救出劇には、カウフマンをはじめとするユダヤ人協会も出動している。カウフマンらは目に涙をためて同胞《はらから》を迎えた。

しかし、樋口はこの折、臍《ほぞ》をかむような気分に苛《さいな》まれた。難民の中には豊富な化学知識をもった技術者が数多くいたにもかかわらず、在満の日本企業はこともあろうに、かれらを満人労働者並みの低賃金で雇い入れようとしたからだった。難民の八割を占めていた技術者たちはあきれかえり、大連や上海を経由してアメリカへ渡っていってしまった。

「あまりにも愚かしすぎる」

　樋口は歯を軋《きし》ませて嘆き、残りの四千人だけでもなんとかして開拓農民として哈爾浜の奥地へ入植させることとし、土地と住居を斡旋《あっせん》した。渡米した難民が満洲に残っていれば、その後の満洲はみちがえるように発展していったろうが、そんな可能性はともかく樋口自身に危機が迫った。樋口の難民保護に対して、ドイツから強硬な抗議が来た。ドイツの国策を批判するばかりか、総統の計画と理想を妨害する行為に及んだというのである。当然、ドイツ側としては日本国に樋口の処罰を要請した。しかし、この抗議は日本側によって破棄された。関東軍司令部からの出頭命令を受けた樋口が、参謀長・東條英機に対して徹底した意見を主張し、容れられたからだった。次のような意見である。

「日満両国が非人道的なドイツの国策に協力するのは人倫の道に背《そむ》くものであるといわねばならない。わたしは日独間の親善と友好は希望するが、日本はドイツの属国ではないし、満洲国もまた日本の属国ではない。すべからく対等な立場に立って、人道的な国策をまっとうすべきである」

　こうして樋口は「不問」とされ、参謀本部第二部長職を経てのち、第五方面軍の司令官となって終戦まで職務をまっとうした。

ところで終戦後、ソ連極東軍は樋口を戦犯に指名し、引き渡しを要求した。樋口が、樺太と北千島《きたちしま》においてソ連軍の侵略行為に徹底的な反攻を行ない、占守島においては完全に撃退し、北海道への上陸を阻止したからだった。樋口は最大の危機に立たされた。ところがこのとき、ニューヨークにある世界ユダヤ人会議が動き、樋口救出運動が始まった。アメリカの国防総省を通じてGHQに働きかけ、ソ連の要求を拒否し、樋口を擁護《ようご》させたのである。ユダヤ人協会にオトポールで救われた人々がいたからだった。かれらは「オトポールの恩を返すのは、今をおいてない」とし、樋口の身を守りきった。そればかりか、エルサレムの「ゴールデン・ブック」にイスラエル建国の功労者として「ゼネラル・樋口」の名が記載されるように運動し、これを認めさせた。無論今日も尚《なお》、エルサレムの丘に樋口の名は残されている。

ときに、ひとの一生は数奇なものだと思わせるのは、このような応報を目《ま》のあたりにするからなのかもしれない。

第3部

日本と中国、そして日中戦争の真実

最新研究×いま学ぶべきこと

日中はなぜ全面衝突に至ったのか？ 日清戦争後の緊密な往来や幣原外交はなぜ実らなかったのか？

川島 真

近代以降の日中関係は、
日清戦争後に関係改善されながらも、二十一箇条要求で大きく転換する。
だが、その後幣《しで》原《はら》外交が展開され、協調が目指されたはずだった。
では、なぜそこから衝突が生まれたのか。中国は日本をどう見ていたのか。
現代の我々は、そこから何か学び取れるだろうか。

日清戦争前の日清関係

明治維新は、日本の「近代化の輝かしい成功事例」としてイメージされる。しかしそれは、日清戦争、日露戦争で勝ってから語られるようになった物語にすぎない。

実際の明治政府は、西南戦争（明治十年〈一八七七〉）に代表される士族の反乱が相次ぎ、財政が混乱するなど、決して順調ではなかった。

そのような状態だけに、一八八〇年頃においては、日本と中国の清《しん》との力の差は、依然として大きく、清が優勢だった。これを端的に物語る事例が、一八八五年の「脱亜論《だつあ》」や翌八六年の長崎清国水兵事件だろう。

一八八〇年代前半、朝鮮半島においては清の影響力が強まり、日本は劣勢に立たされ一八八五年の天津《てんしん》条約で一定の決着をみた。この日本の劣勢下で出てきたのが「脱亜論」だ。

この脱亜論は、簡単にいってしまえば「（朝鮮半島で清に負けた）日本が、清や朝鮮と手を切り、欧米とともに歩んでいく」という話なのだ。後世、脱亜論は、日本が西洋の帝国主義路線に進んだことを示す象徴のように言われるが、むしろ実態は清に朝鮮で勝てなかったことを踏まえたものであった。

劣勢だったのは、海軍力においても同様だ。一八八六年、長崎に寄港した清の北洋艦隊の水兵が暴動を起こすという、長崎清国水兵事件が起きたのだが、日本政府は清に強い態度で臨めなかった。これにより、「清の海軍のほうが強い」というイメージを日本社会に与えている。

その後、議会が開設され海軍費増が認められて、ある程度は日本の海軍力も強化された。しかし冷静に見れば、日清戦争で日本が勝ったのが不思議といっていいほど、もともと日清間には、国力、軍事力の差があった。

それだけに、日清戦争の結果が清にもたらしたショックは大きかった。一般に、日清戦争の敗北の結果、清の側に「これではいけない」と問題意識が高まり、皇帝制度に基づく近代国家建設を目指す戊戌変法《ぼじゅつへんぽう》が起こった、と理解されるが、それほど単純な話ではない。

もちろん、清において近代国家建設の気運は高まってはいた。だが、一方で日本に対する反発も相当に強まった。たとえば、清の南方の大官《たいかん》の間では、日清戦争の講和条約である下関条約の批准拒否、あるいは条約不履行を求める声が上がり、台湾割譲や日本租界《そかい》の開設への抵抗といった動きも生じている。

また、清の実力者である李鴻章《りこうしょう》が、一八九六年に自らロシアへ足を運び、日本を仮想敵国とした露清密約を結んだことも、日清戦争がもたらした影響の一つだろう。

ただし、日清戦争後であっても、清から見た場合、日本が「突出した敵」というわけでもなかった。

日清戦争後、日清通商航海条約という不平等条約が結ばれ、日本が清に対する治外法権や関税特権を手に入れ、イギリスを中心とする中国における列強の一員になったことは事実だ。しかし、当時の日本はそこまで強国ではなく、あくまでも他の列強と歩調を合わせる、清という場における列強の一つ、という存在にすぎなかったのである。

「中国」意識の形成と日本

日清戦争後の中国では、日本への反発が強まったり、露清密約を結んだり、康有為《こうゆうい》などの若手官僚たちが近代的な国づくりを主張したりと、かなり複雑な動きが出てきたわけだが、義和団《ぎわだん》事件（一八九九〜一九〇〇年）を経ると、清は一八九八年の戊戌変法を基礎とした、本格的な近代国家建設に着手する。この二十世紀初頭、中国から日本にやってくる留学生が増加することが知られている。魯迅《ろじん》や蔣介石《しょうかいせき》もそうだ。

しかしそれは、「近代化に成功した日本に学べ」という単純なものではない。

日本への留学生が増えた根本的な原因は、科挙に代わって学歴で官僚の資格を得られるようになったことにある。当時の中国は、学位を与える学校が京師大学堂《けいしだいがくどう》（北京《ペキン》大学の前身）くらいしかない。そのため、欧米や日本の大学に留学する者が出てきたのである。

ではなぜ、欧米でなく、日本を選ぶ者がいたのか。東京の一部の私立大学が、短期間で安く、かつ中国語で学位を取れるコースを提供した。これを速成《そくせい》科というが、最も安く、短期間に、そして言語面のハードルも低いかたちで学位をもらえるのが日本だから、欧米ではなく、日本を選ぶ留学生が増えた面が強い。

無論、清の若者たちが、日本の近代国家建設を成功例と捉えていたのは確かだが、留学生が学ぼうとしたのは、日本が摂取した「西洋の近代」であり、日本文化などではなかったのである。つまり、日本そのものを尊敬したわけではないし、仰ぎ見るということではなかった。留学生たちは日本の習慣、文化を批判的に見ることも多かった。

とはいえ、留学生たちが日本という場所で生活しながら、日本の書店では中国で焚書《ふんしょ》のため見られなくなった本を発見し、纏足《てんそく》していない健康な女性の足に感動したようだ。そして、近代的な社会、あるいは近代国家を体験し、「国民意識」というものをシャワーのように浴びていたのは明らかだ。

それも一つの要因となって、帰国した留学生らによって、中国内部に国民意識、国家意識が形成されていき、王朝を超えた「中国」の意識が高まる面もあったろう。それは同時に、「国境を越えて（中国に）くる存在」（列強諸国）に対する敵対意識を育むことも意味した。

この変化は一九〇五年前後に始まり、一九一一年に起こった辛亥《しんがい》革命の後は、国家、国民、国境の意識がかなり明確に認められるまでになる。つまり、清朝最後の十年の前と後では、「中国」は大きく異なるのである。ここで想定されていた「中国」の範囲は、「省」のあった地域に藩部を合わせた空間だった。

二十一箇条要求という転換点

中国、主に都市部の知識人層に国家、国民、国境の意識が明確に生じたことは、中国の対外関係における分岐点といっていい。しかし、日本はそこを見誤り、一九一五年一月十八日、第一次世界大戦の最中に、袁世凱《えんせいがい》政権に対して、二十一箇条要求を出してしまう。

列強の中で後発の日本は、権益を拡大したくても、突出して何かをやることはできなかった。義和団事件の後に、列強間協調が生まれていたからだ。辛亥革命の時期にも独自外交を試みたが、第一次大戦時に日英同盟を踏まえつつも、単独で権益の拡大を図ろうとして、日本はイギリスとともにドイツの権益がある山東《さんとう》半島に出兵した。

日英同盟を理由に、ドイツを敵とした日本は、中立の立場を取っていた中国にあるドイツの基地を攻め、占領、そして作戦を実行する際には山東半島を中国に返すといいながら、占領してからすぐに返さず、二十一箇条要求という秘密外交をもちかけ、山東半島の権益を返すどころか、満洲権益の期間延長やその山東権益の獲得、あるいは日中合同警察創設などを求めたことは、明らかに中国や他の列強を刺激するものであった。

二十一箇条要求の内容が明らかになると、中国のナショナリズムの猛烈な反発を招いた。それは当然の結果といえよう。そして、合同警察などを含む第五号の存在が明らかになると、第五号を知らされていなかった列強の対日不信が増すことになった。

義和団事件で満洲に出兵したロシアは、事件が終息しても撤兵しなかった。そのため、日露戦争が始まった段階では、中国人にとっては、ロシアのほうが「敵」だった。

しかしその日露戦争の過程で日本がロシアに代わって満洲を占領する。そこで中国人の中で、「日本はロシアと同じだ」と、イメージが変わった。したがって、二十一箇条要求以前の十年間で、「日本への敵対心」がゆっくり醸成されていたともいえる。

それでも、二十一箇条要求の衝撃はあまりにも大きい。当時、中国では知識人の世論空間が生まれ始めていた。日本は二十一箇条要求を通じて、中国のナショナリズムを刺激して世論を敵にまわし、一九一〇年代半ばに「日本は敵だ」という意識を中国で強めてしまった。

その意味では、二十一箇条要求は、日中関係の転換点だったと見ることができる。とはいえ、そこから一直線に日中関係が悪化したわけではなかった。

原・幣原外交と中国側の反応

第一次世界大戦が終わる頃から、日本は原敬《はらたかし》首相、幣原喜重郎《きじゅうろう》外相の下で対英米協調外交を推《お》し進めた。一九二二年の山東懸案解決に関する条約で山東半島の権益を中国に返還し、ワシントン体制下にあって、中国においては対英米協調路線を歩んだ。

もっとも、中国側はワシントン体制下での日本の対中外交を中国との協調外交とは認めなかった。特に経済面、文化面での日本の侵略は続くという観点で見ており、日本は「中国で」、「英米」と協調しているにすぎない、と見做していたのである。

ただ実際には、一九二三年夏前には中国における反日運動はいったん収まり、一九一五年や一九年ほどの激しい運動は起こらなくなった。関東大震災（大正十二年〈一九二三〉九月一日）に際しては、中国から日本への支援の声が一旦《いったん》は上がったほどだった。ただ、日本での華人虐殺事件や王希天《おうきてん》殺害事件により、震災は関係改善の契機にはならなかった。

　またこの時期には、上海《シャンハイ》と長崎を結ぶ航路による人の交流がより活発になり、日系資本による紡績業（在華紡《ざいかぼう》）が盛んになるなど、経済関係の相互依存も強まっていた。その在華紡を舞台に生じた五・三〇運動（一九二五年。反帝国主義を掲げた中国ナショナリズムの代表的な運動）では、中国の人々の怒りは、日本ではなく、労働者に発砲したイギリスの方に多く向けられていた。

　幣原外交に対しては、当時も現在も、中国側の評価は高くない。しかし、この時期、日中間で大きな紛争が減少したのも確かである。だが、一九二七年の南京《ナンキン》事件を境に、「膠着《こうちゃく》状態」は終わりを告げる。

　国民党の蔣介石による中国統一を目的とした北伐《ほくばつ》軍が、南京にある日本領事館など各国領事館の人々に暴行を加えたのだ。日本の世論が沸騰し、幣原外交は「軟弱外交」と批判される。

　そうした情勢の中、日本は宥和《ゆうわ》策から強硬策へと外交が転換していき、一九二七年から二八年にかけて、三度にわたって山東省への派兵を行なった（山東出兵）。これを受け、日本は再び反帝国主義運動の最大のターゲットになる。特に一九二八年五月三日に生じた済南《さいなん》事件は、日中関係に大きなしこりを残した。

　日本と中国の対立には、政治家や軍人の判断も大きいものの、「世論」という要素もある。

日本では、中国における国家意識や国民意識の形成を十分に受け止められず、中国に対する不安感や敵視が強まった。

一方、中国側は国民党の宣伝もあって日本を侵略者とみなし、日本への関心は少なからずあったものの、日本の世論が対中強硬論になればなるほど、反日論が強くなった。

日中それぞれの世論が沸騰する中で、相互信頼が一層失われていき、人の交流や経済の依存関係があるにもかかわらず、対立関係が激化していったという見方もできる。

満洲事変から盧溝橋事件の間

一九三〇年代に入ると、いよいよ日中関係は緊迫の度合いを増していく。

一九三一年九月、満洲事変が勃発し、関東軍が満洲全土を制圧するのである。中国では、現在、この満洲事変を抗日戦争期の起点としているが、日本では通常、一九三七年に日中戦争が始まったと見る。

この満洲事変の捉え方は多様だ。大事なことの一つは、満洲における日本人社会の存在だ。一九二〇年代後半になると、一九二二年に誕生したソ連が、スターリン体制下で国力を増強し、北から迫ってくるという恐怖感が現地の日本社会に生じる。それに加えて当時は、中国国民党による「革命外交」が、暴力的に条約特権を奪っていくものと捉えられていた。

とりわけ、満洲で暮らす日本人、あるいは関東軍には、「日露戦争であれほど大きな犠牲を払って得た満洲の利権が、このままでは失われるのではないか」という不安感が強かった。

そうした背景を踏まえると、「現地の自国民、また条約特権を保護する」という意味で、関東軍が満洲事変を引き起こしたのには、彼らなりの理由があったといえる。無論これは歴史的に肯定的に捉えられる理由だとは言い難い。

例えば、中国による反帝国主義運動に直面したのは日本だけではなく、あらゆる列強に共通するものだったことを考えてみよう。この時期、中国で最も多くの利権を有していたのはイギリスであり、イギリスこそが中国の反帝国主義運動の最大の標的とされた。では、イギリスは日本と同様に、満洲事変のような対中強硬策を採用したのであろうか。

実際、イギリスは、上海などの重要な租界や拠点を守るために、漢口《かんこう》の租界や、威海衛《いかいえい》の租借地を返すなど、妥協できるところは妥協している。

そういう柔軟性を、日本は発揮できなかった。それは国内や現地の日本人社会の世論の影響もあるし、利権そのものの性質もある。だがいずれにしても、日本だけが満洲事変という激しい動きを起こしたことは、重く見なければならない。

他方、中国は、満洲事変が起こったとはいえ、日本とは戦争できる状況ではなかった。第一次世界大戦以降、世界的に総動員体制で戦争をする時代となったが、中国ではまだその体制を取る準備ができていなかったのだ。

一九二八年、蔣介石は北伐を成し遂げ、中国を統一する。しかし、北に進むほど地方軍事勢力と妥協したため、地方軍事勢力が残存した。これを完全に掌握し、その上で国民党が社会に安定した地盤を築き、同時に共産党も排除しなければ、戦争はできなかったのである。

北伐阻止のため日本が済南に出兵して中国軍と衝突した済南事件以来、蔣介石は日本への強い対抗心を有していた。しかし、軍人である蔣には、軍事力で日本に勝てないことはわかっており、だからこそ準備ができるまで日本と戦争をしなかったのである。

その代わりとして蔣介石は、日本の九カ国条約違反、国際連盟規約違反を主張し、外交戦を展開していく。一九三三年、リットン調査団の報告を受けた国際連盟は、満洲に対する中国の主権を認め、満洲国を認めなかった。これを受け日本は、連盟脱退を宣言する。中国は外交戦で、国際連盟から日本を追い出すことに成功したともいえる。

一九三三年の塘沽《タンクー》停戦協定で、満洲事変自体にはピリオドが打たれた。現在の中国では、この一九三三年の塘沽停戦協定から一九三七年の盧溝橋《ろこうきょう》事件までの時期も、日本の華北侵出が継続した時期として、抗日戦争期に含めている。しかし、日本では、必ずしもそうは見ない。華北侵略はあっても、この時期には日中間に戦争はない。蔣介石は抗日拠点の建設を進めたものの、日中間にはさまざまな和平交渉が行なわれた。それに、一九三五年には、中国が英米の支援を受けて幣制《へいせい》改革を実施したが、その際、イギリスは日本を中国の支援に誘った。日本はそれを断ったが、このように対立緩和の機会がなかったわけではない。それだけに日中戦争期に含めることは難しい。だが侵略の有無を問われれば侵略はあった、ということになろう。

その後、基本的に対立の流れは変わらず、一九三六年の西安《せいあん》事件が一つの転換点となる。

当時、蔣介石は地方軍事勢力を圧迫するとともに、共産党の掃討《そうとう》を進めていた。つまり、外では日本の動きに対処しつつ、国内では反対勢力と戦うという、二方面作戦を展開している状態にあった。

そんな折、延安《えんあん》にいる共産党への攻撃を担当した西安の張学良《ちょうがくりょう》が、攻めきれないでいた。すると、張を督励するために西安にやってきた蔣介石を、共産党と結んだ張学良が監禁してしまう。これが、西安事件である。

蔣介石は殺されることなく、解放されたが、この事件を機に、国民党と共産党の抗日戦線が形成されたと見られ、特に共産党はこの事件を重視するようになる。他方、一九三六年の頃には、抗日拠点も整いつつあった。

翌年の一九三七年七月七日、北京郊外の盧溝橋周辺での発砲事件（盧溝橋事件）がきっかけとなって、日中間で小競《こぜ》り合いが起きた。この時点で、これを戦争と認識したのは共産党ぐらいだろう。国民党も日本も戦争とは考えていなかった。

しかし、以後も軍事的な衝突が続き、八月十三日の第二次上海事変から、日中間で全面戦争が始まるのである。蔣介石が戦争にふみ切ったのは、準備がある程度整った、と判断したのだろう。

中国から見た日中全面衝突への道程

第一次世界大戦後は原・幣原外交で協調外交が目指され、日中間でも経済の相互依存が強まり、人的な往来が活発になったのに、なぜ日本と中国とは全面衝突に至ったのだろうか。一般的に、経済的な相互依存は戦争を抑制すると言われるが、戦前の歴史を見る限り、それは必ずしも見られないようだ。

第一に、中国や太平洋での協調体制として知られるワシントン体制は基本的に英米日間の協調枠組みであって、中国から見ればそれは従来通りの列強間の協調枠組みに過ぎなかったということがある。二十一箇条要求を経た中国は日本に厳しい視線を向け、日本からの「親善」とか「宥和」に応じる用意はほとんどなかったと言っていい。また、一九二〇年代の中国に大きな変化をもたらした国民革命を主導した国民党、あるいはそれを支持したソ連も、ワシントン体制の外側にあった。ワシントン体制は、中国ナショナリズムから見れば、たとえそこに中国の不平等条約改正を支持する面があったとしても、従来通りの列強の権益を確保、調整する協調に過ぎない面があった。つまり、中国を十分に組み込んだ体制になっていなかった、ということだ。

第二に、国際環境という背景を考えると、第一次世界大戦後に国際社会は協調の時代となって、反戦とか、反植民地、あるいは軍縮が提唱されるようになった。日本はこれに応じて、英米仏伊との間で五カ国条約（ワシントン海軍軍縮条約）、パリ不戦条約、ロンドン海軍軍縮条約などに時に一定の条件をつけながらも調印し、国際連盟の常任理事国にもなった。こうした意味では日本は世界の潮流に歩調を合わせていた。また、中国も反植民地の風潮を後ろ盾に主権や独立を主張し、国際連盟でも一つの独立国家として自らの立場を主張し、理事会の非常任理事国ともなった。日中はそれぞれ世界の潮流に乗りながら、それぞれが異なる形でそれを読み込み、利用していたと言える。反戦、反植民地、軍縮などは本来戦争を抑制するものだったが、そのようなそれぞれによる独自の読み込みによって、次第に齟齬《そご》が生まれてきたとも考えられるだろう。

一九二〇年代後半の山東出兵、そして一九三一年の満洲事変により、日本と世界の潮流との間に次第にずれが生じていき、中国は反戦、反植民地、あるいは国際連盟規約の基礎にある集団安全保障の理念を唱えながら、自らを守ろうとし、英米、あるいはソ連を味方につけようとしていった。

以上のように、単純化すれば第一次世界大戦終了後のワシントン体制は十分に中国を組み込んだ体制ではなく、また大戦後の新たな潮流についても日中双方がそれを受け入れながらもそれぞれが異なる受け止め方をしてしまったことなどが対立に至った原因だと言えるだろう。もちろん、二十一箇条要求などによる中国側の対日信頼の欠如、日本の在華社会や日本本土の世論、あるいは軍隊の動向なども重要であることは言うまでもない。

こうした戦前の全面衝突から日本は、あるいは中国は何かを学び取ったであろうか。意思疎通と相互信頼、相互依存などが幾重にも重なり合い、相互に相手を排除せず、相手を組み込むことができてきたであろうか。また、二十一箇条要求のように「相手からどう受け取られるか」という想像力が欠けた外交を行えば、将来に大きな禍根を残してしまうということへの反省から、そうしたことを控えるようになっただろうか。日中関係が良好であった一九七〇年代から八〇年代にはそうした関係ができていたかもしれない。しかし、それは日本側の圧倒的経済力と戦争への反省、また中国側の発展への希求と歴史問題への自制があって成立したものであったかもしれない。

現在、中国の経済力は日本の三倍を超え、政治、軍事などの国力も世界有数となり、アメリカに伍するまでに至った。この新たな環境の中で日中が再び全面衝突に至ることを回避するにはどうすればいいのか、歴史から学ぶことも必要だろう。

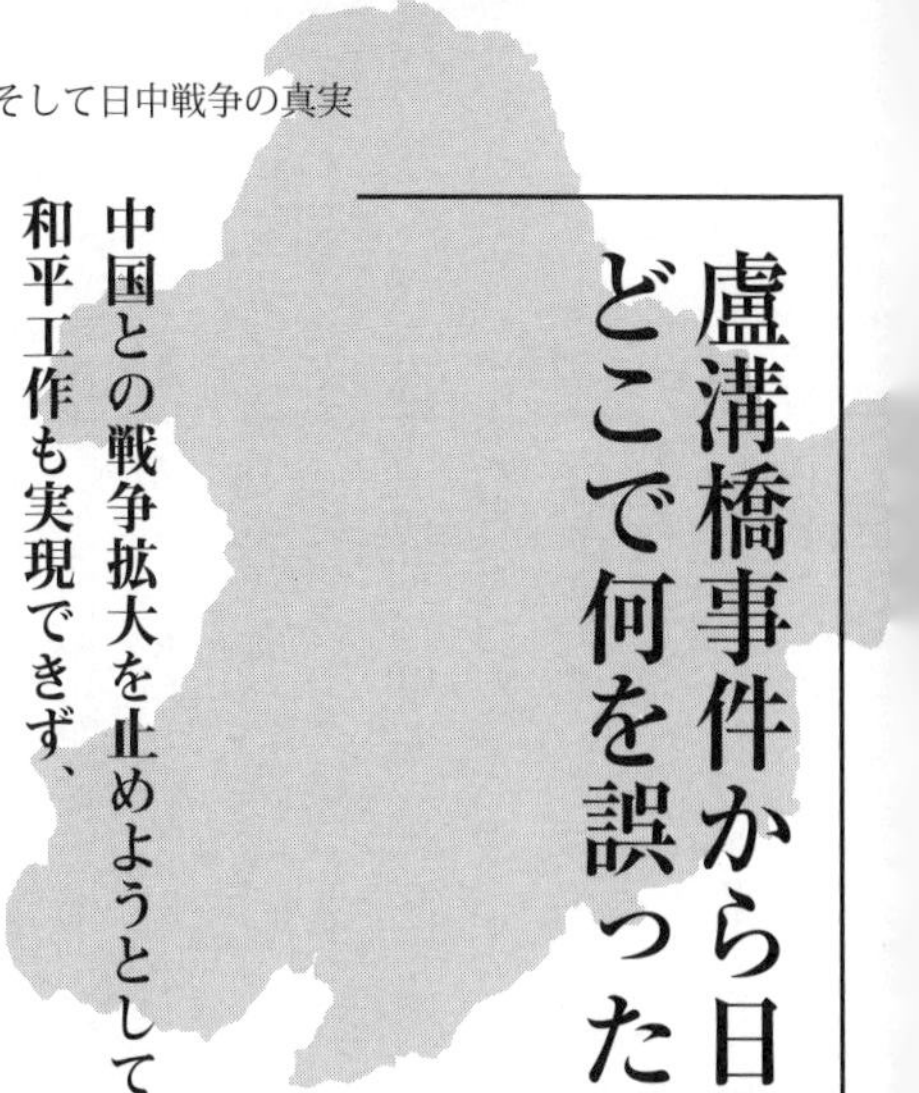

盧溝橋事件から日米開戦へ――どこで何を誤ったのか

井上寿一

中国との戦争拡大を止めようとして止められず、
和平工作も実現できず、
アメリカとの交渉で局面打開を図りながら、
結局は日米戦争へ……。
なぜ、日本は誤算を重ねたのか。
そこから浮かび上がる今日への教訓とは――。

戦争をする気がないのに……エスカレートさせた力学

日中戦争の直接のきっかけは、昭和十二年（一九三七）七月七日に北京郊外の盧溝橋で起きた、日本と中国の偶発的な軍事衝突である。

この事件の四日後の七月十一日には現地で停戦協定が結ばれ、日中の軍事衝突はいったん収まった。

この段階で停戦協定が結ばれたのは、日中双方にそれぞれ事情があり、ともに戦争をする意思などなかったからだ。

日本側としては、対ソ戦の準備を優先させたかった。陸軍は伝統的に仮想敵国をソ連としていたが、この頃のソ連は五カ年計画が着々と進み、軍事力を強めているように見えた。したがって、日ソ間で戦端が開かれた場合を想定すると、「このままでは負けてしまうかもしれない」との危機感が強かった。

対ソ戦の準備を急ぐために、それ以外のことをやっている余裕はなく、中国とは事を構えたくなかったのだ。

昭和六年（一九三一）の満洲事変も同様である。

「対ソ戦に向け、戦略的拠点と軍事資源の供給地を確保する」。関東軍の参謀だった石原《いしわら》莞《かん》爾《じ》らは、この軍事戦略上の観点から満洲事変を起こした。

盧溝橋事件に際して、参謀本部作戦部長の地位にあった石原は、戦争不拡大を主張している。石原の主張は、「対ソ戦準備を優先する」観点で一貫していた。

一方、中国側にも、戦争を拡大したくない動機があった。国家統一をめぐる主導権争いにかかわる問題があったからである。

国民党の蔣介石は、対立する共産党との内戦に備えるため、日本と戦って軍事力を消耗するのを避けたかった。この意味で蔣介石の側も、日本と戦争する余裕はなかったことになる。

以上のように、日中双方に戦争を拡大する意思はなく、現地で停戦協定が結ばれた。それにもかかわらず、なぜ戦争は拡大していったのか。

一つの原因として挙げられるのは、日本が兵力を増員したことだ。

増派は戦争の拡大を意図していなかった。増派の目的は、増強した軍事力を背景に、停戦協定を遵守《じゅんしゅ》するよう中国側に圧力をかけることであり、また停戦協定が破られたときには、力で押さえこむことも想定していた。

ところが日本国内の情勢は、戦争不拡大が支持されていたとはいえなかった。

大規模な兵員移動を実行するためには、追加予算が必要になる。衆議院予算委員会は七月

二十八日、全会一致で増員に必要な予算措置を認めている。

予算措置を認めた議会の対応は、当時の世論を背景にしていた。

新聞・雑誌などのメディアは、盧溝橋事件が起きると、「断固排撃する」「膺懲《ようちょう》する（こらしめる）」といった見出しの記事を掲げて、強硬論を展開するようになっていた。

メディアの強硬論は、日清・日露両戦争、満洲事変と、有事の際には新聞・雑誌の部数が伸びる、そのような「成功例」があったからである。

特に六年前の満洲事変を直接のきっかけとして、新聞購読者数が急増した。

盧溝橋

それまで新聞を取らなかった人も取るようになった。

読む側には、「出征した身内や知人の安否確認の手がかりを求める」との一面があった。対するメディアは、「勝った、勝った」と威勢のいい話を求める読者向けの紙面（誌面）づくりが主流をなした。

政党には、「戦争に反対する」というイメージがある。しかし、「国民大衆は、強いことをいうと喜び、支持も得られやすくなる」と考える政党政治家たちによって、強硬論が増していった。

当時の近衛《このえ》文麿《ふみまろ》内閣において、戦争不拡大を唱えた閣僚の代表は広田弘毅《こうき》外務大臣と杉山元《はじめ》陸軍大臣である。一方、政党出身の閣僚には強硬論を主張する者がいた。

たとえば、政友会《せいゆうかい》出身の中島知久平《ちくへい》鉄道大臣は、八月十四日の閣議で「いっそのこと、中国国民党軍を徹底的に叩きつけてしまう方針を取るのがいいのではないか」と勇ましい発言をしている。

また、この発言を受けて、民政党《みんせいとう》出身の永井柳太郎《りゅうたろう》逓信《ていしん》大臣も、「それがいい」という意味の相づちを打っている。

当初は慎重論だった海軍も、停戦協定が破られ、昭和十二年八月、上海に戦火が及ぶと、追加の出兵に同意して、戦争拡大を後押しする。

このことに関連して、最近の研究では、海軍の強硬論への転換を踏まえて、「日中戦争は、実は海軍の戦争だった」と指摘されるようになっている。

極端なことをいえば、要するに戦争不拡大を支持したのは、陸軍と外務省ぐらいだった。

こうした政治状況の中で、近衛首相の言動が決定的な意味を持つことになった。

近衛は、あらゆる政治勢力から支持されたカリスマ的な指導者だった。

同時に、大衆に迎合しなければ、自分の権力が維持できないことをよくわかっていた。ポピュリズム（大衆迎合主義）の政治家でもあった。

政党、メディアが強硬論を唱え、有力な支持基盤である大衆の戦争熱が高いと受けとめた近衛は、戦争不拡大の姿勢を転換して、「停戦協定を守らないのは中国側が悪い」と非難するようになり、停戦協定を守らせるための中国への増派を容認するようになった。

この決定は中国側からすれば、日本が戦争の拡大を目論んでいるように映った。中国にとって二の次だった日本との戦争を優先する事態を招いたのである。

「中国は戦争を拡大したい」と日本からは見え、「日本は戦争を拡大したい」と中国からも見えた。

どちらも相手の意図を見誤り、「このままではやられてしまうから、戦争拡大に応じざるを得ない」、そのような力学が働いて、戦争はエスカレートしていった。

なぜ、和平工作は実現しなかったのか

もともと日中双方は、戦争を拡大したくなかった。その戦略的動機は失われなかったので、大小さまざまな和平工作が行なわれている。

最も早いのは、盧溝橋事件が起こった翌月の「船津《ふなつ》和平工作」である。

この和平工作は日本の外務省が主導し、中国との通商貿易に携わっていた元外交官の実業

家・船津辰一郎《たついちろう》を使って、増派の前に、事態の不拡大の実現を図ったものだ。

船津は中国の事情をよくわかっていて、中国側からもよく知られていた人物だった。しかしこの和平工作は失敗に終わった。

なぜ失敗したのか。駐華大使の川越茂《しげる》が中国側と交渉しようとして、外交の権限争いが起きたからである。

元外交官であっても、船津は国際政治学でいうところの「非正式接触者」であり、その交渉は正式な外交ルートではない。一方、大使である川越は「正式接触者」であり、船津に対する反発があった。結局は、両者の連携がうまくいかず、工作も失敗に終わった。

その後、十一月に、駐華ドイツ大使のトラウトマンを仲介者とする「トラウトマン工作」が始まる。

和平工作は、仲介国が戦争当事国に対して、強い外交的影響力を持っていなければ効果がない。

たとえば、永世中立国のスイスに日本と中国の仲介をしてもらおうとしても、スイスは日中どちらとも関係が薄く、両国ともに、いうことを聞く動機に欠ける。中立国というだけでは、仲介国は務まらないのである。

その点、ドイツは仲介国として適任といえた。日本とは防共協定を結び、同盟に準じるような強い関係があり、蔣介石の中国に軍事顧問団を派遣していて、国民党軍は軍事的にドイツへ依存していた。

和平工作を詳細に研究した『ピース・フィーラー　支那《しな》事変和平工作の群像』（戸部良一《とべりょういち》著）が指摘しているように、最も実現性が高かったのは、ドイツを仲介国とする和平工作だった。しかしトラウトマン工作も失敗に終わった。日本側が戦勝気分を背景に、和平条件を積み上げていったからである。

十二月二十二日の広田外務大臣との会談の際に、駐日ドイツ大使のディルクセンは、つぎのように告げた。「日本側の示す和平条件は、前に出したものより増えている。これではうまくいかないかもしれない」。

特に懸念された加重条件は、「賠償」と「華北における非武装地帯の設置」、要するに事実上の中国領土の削減であった。

和平条件が加重されたのは、十二月十三日に中国の首都・南京が陥落したからである。相手国の首都を陥落させれば、戦争に勝ったことになるのが当時の常識だった。

日本国内は戦勝ムードに沸き、中国の領土の一部や多額の賠償金を得るのは当然だと国民は考えるようになり、以前の和平条件にとどめるのが難しくなった。

これに反対する動きが無かったわけではない。中国にいる日本の外交官は、「領土や賠償金を持ち出せば、和平は成立しない」として、外務省に世論対策をするよう訴えていた。ところがこの頃、間の悪いことに、ドイツとともに防共協定を結ぶイタリアに、広田外務大臣が交渉内容を伝えたことから、ドイツが不信感を持つようになっていた。その混乱もあって、和平条件が再検討されることはなかった。

十二月二十六日、条件の加重された和平協定案がドイツから蔣介石に示された。「賠償」と「華北における非武装地帯の設置」は、中国のいかなる政治勢力といえども受け入れられなかった。

「のむことのできない和平条件」を示された蔣介石は、かえって安堵する。この条件ならば、もはや日本とは戦うしかない。それならば「抗日」の旗のもとで、共産党をコントロール下におき、国内対立を解消できると踏んだのである。

結局、蔣介石は協定案に回答せず、昭和十三年（一九三八）一月、近衛文麿首相が「国民政府を対手《あいて》とせず」との声明を出し、トラウトマン工作は打ち切られた。

日本政府は当初、「暴支膺懲《ぼうしようちよう》（荒れ狂う支那を膺懲する）」といいつつ、秘密裏にトラウトマン工作を進めた。それに失敗すると今度は、「対手とせず」と声明を出した。これでは国民は何のために中国と戦っているのかわからない。

そこで近衛首相は、昭和十三年十一月に「東亜《とうあ》新秩序」声明を発表して、新たな戦争目的を掲げる。「日本は東亜新秩序をつくろうとしている。多くの中国国民は日本と同じ考えだが、それがわからない蔣介石一派を軍事力によって排除すれば、中国国民と手に手を取って、東亜新秩序をつくることができる」。このように戦争を正当化した。

ところが後に日本は、謀略的な和平工作として、汪兆銘《おうちょうめい》の傀儡《かいらい》政権を打ち立てる。中国の実力者で「親日派」とされる汪兆銘の傀儡政権を樹立し、まずその政権と和平を結ぶ。つぎにそれをもとに蔣介石に圧力をかけ、真の和平を実現しようとした。

しかし、当然のことながら、蔣介石は汪兆銘の傀儡政権を認めず、中国国民も汪兆銘政権を支持しなかった。

さらにいえば、この和平工作にはもともと無理があった。汪兆銘政権が弱ければ、蔣介石政権に圧力をかけることはできない。そうだからといって、汪兆銘政権にテコ入れしすぎて、自立されてはかえって困る。これでは和平の実現は困難だった。

このような経過をたどりながら、日中戦争は長期化していった。

避けられたはずの日米戦争をもたらしたもの

昭和十四年（一九三九）に入ると、日中戦争は散発的な軍事衝突が繰り返される膠着状態に陥る。

これでは中国に大軍を置く必要性が乏しいと考えた陸軍は、「昭和十五年（一九四〇）中に戦争が終わらなければ、大規模な撤兵を行なって、対ソ戦に備える」という軍事戦略を立てた。要するに、中国との戦争でこれ以上の戦力の消耗を避け、撤兵するところは撤兵しようとしたのである。この合理的な判断に従えば、日中戦争は抑制できて、日米戦争も回避の可能性があったことになる。

ところが昭和十四年九月一日、第二次欧州大戦が始まったことによって、以上のシナリオは雲散霧消する。

緒戦でヨーロッパを席巻した枢軸国のドイツとイタリアに、日本は再接近する。昭和十五年九月、日独伊三国同盟の締結に至った。

なぜ「再接近」なのか。約一年前、第二次欧州大戦が始まる前の八月二十三日に独ソ不可侵条約が結ばれた。「ソ連を敵にする日独伊三国防共協定は間違いだったのか」。このように日本と枢軸国との関係が悪化したからである。

それにもかかわらず、なぜ日本は三国同盟へと至ったのか。

勢いのあるドイツ・イタリアと同盟関係を結べば、日本の外交ポジションが上がる。この立場を活かして、日中戦争を自力で解決する。日本側にはそのような意図があった。

日中戦争の解決のためにはアメリカとの外交調整が必要だった。

当時のアメリカは孤立主義で、ヨーロッパに対してだけでなく、アジアに対しても、中立的な立場を取っていた。

日中戦争に関して、アメリカ国民が中国に寄せていたのは、道義的な同情であって、中国に加勢して日中戦争に介入する意思を持っていなかった。

他方でアメリカは、ヨーロッパからの移民の国なので、自分たちのルーツを考えれば、「いずれヨーロッパの戦争に関わらざるを得ない」と覚悟していた。そうであればこそ、アジアで余計なことはしたくなかった。

対する日本は南進する。東南アジアからの蔣介石への支援ルートの遮断と軍事資源の確保が目的だった。アメリカは、軍事的な手段ではなく、経済的な手段＝経済制裁を段階的に行なうことによって、日本の抑制を図る。

日本は経済制裁を食い止めなければならなかった。日中両国はともに、アメリカに経済的に依存しながら、戦争を続けていた。特に日本は比喩的にいえば、アメリカに輸出し、その利益で武器を購入していた。

そこで日本は、日独伊三国同盟によって上がった外交ポジションを活かして対等な立場でアメリカと交渉し、対米戦争を回避しつつ、日中戦争の解決を目指すことになった。

昭和十六年（一九四一）十一月、日本はアメリカ側に暫定協定案を示す。この案の要点は、「経済制裁で止められた日本への石油供給を再開する代わりに、南部仏印《ふついん》（フランス領インドシナ）に進駐した日本軍を北部仏印に撤兵し、数カ月間は軍事力を行使しない」ことだった。

この暫定協定案が実現すれば、日米戦争には至らなかったと考えられる。

日本軍の南部仏印からの撤兵は、アメリカにとって戦略的に大きな意味があった。日本が南部仏印に軍事拠点をつくれば、アメリカの植民地だったフィリピンを、戦闘機や爆撃機で攻撃できる。そこから撤退すれば、アメリカ国内で戦争回避の動機が強まることにつながる。

アメリカ側は日本の暫定協定案を一蹴《いっしゅう》せず、ハル国務長官が修正を加えて対案をつくり、関係国の駐米大使に示した。関係国とは、イギリス、オランダ、オーストラリア、中国である。ハルの対案に対して、最も強く反対したのは中国である。「日米戦争は起こらなくても、日中戦争は続く」。このようなハルの対案は中国側からすれば、受け入れることができなかった。

中国に同調してイギリスも反対した。なぜイギリスはハルの対案に反対したのか。

「ハルの対案で、日米戦争は回避できるかもしれない。しかし、日英戦争は回避できない。日本がシンガポールなどの東南アジアにあるイギリスの植民地を攻めてきたとき、アメリカは守ってくれないだろう」。イギリス側はそう考えた。

中国とイギリスに反対されたハルは、対案を取り下げた。代わりに、有名な「ハル・ノート」を日本に示した。日本側はこれを事実上の最後通牒《つうちょう》だと受け止め、真珠湾《しんじゅわん》攻撃に踏み切る。

以上のように振り返るとわかるように、日米開戦の分岐点において、「中国要因」が決定的に重要な意味を持っていた。

この意味で、日米戦争をもたらした大きな原因が、日中戦争の長期化だったことは間違いない。

最後に、現代の日本人が日中戦争から学ぶべき「苦い教訓」を三つ、挙げてみたい。

一点目は、国家のグランドデザインを持つことの大切さである。

日中戦争において、日本政府は戦争目的を「暴支膺懲」から「東亜新秩序」に変えたり、蔣介石と和平を結ぼうとしていたにもかかわらず、「国民政府を対手とせず」と宣言するなどして迷走を続けた。迷走の大きな原因の一つは国家のグランドデザインがなかったことである。

さらに戦争目的が曖昧であったがゆえに、「軍事戦略上、早期解決が望ましい」という方針を貫けず、ひいては相手の考えを見誤ることにもつながった。

二点目は、ポピュリズムの陥穽《かんせい》に落ちてはいけないことである。

当時も今も、新聞、雑誌、ラジオなどのメディアを介して醸成される世論は、たしかに大衆の意思表示である。政府が世論を無視するのは適切ではない。しかし世論は気まぐれで移ろいやすく、常に正しいとは限らない。

たとえ世論とは異なる方向であったとしても、政治家は自らが正しいと信じる方向にリーダーシップを取って、判断を下さなければいけない。

三点目は「組織利益よりも国益」の重視である。

日中戦争から日米戦争へと至る過程の中で、陸軍と海軍はそれぞれの組織の利益を守ろうとして、最終的に国家が破局を迎えた。

要するに個別の組織の利益を守っているうちに、国家全体の利益が損なわれたのである。

現在の日本でも、各省庁が組織の利益を追求する一方で、全体の利益を見失うケースも起こり得る。

何が国益かを共有しながら、国益を守るために省庁が働く。

このように日本は、どのような国であるべきかを考えることも、日中戦争から学ぶ重要な教訓だろう。

両国の衝突をもたらした「構図」と「問題の根源」

日本と中国が戦争へと至った背景には何があったのか。
両国関係の歴史を俯瞰《ふかん》すると、
その構図が見えてくるとともに、
いまなお解消されぬ問題が浮かび上がってくる。

岡本隆司

「疎遠」が常態だった

日中関係の歴史を眺めると、ほとんどの期間、日本は大国の中国からプレッシャーを感じてきたといってよい。

古代の白村江《はくそんこう》の戦いや中世の蒙古《もうこ》襲来のように、軍事的なプレッシャーもあった。しかし日本人の感覚では「唐《とう》＝外国」「中国＝世界」であり、文化的なプレッシャーを感じることのほうが多かったと思われる。

日本人の精神生活で大きな要素となっている仏教にしても、中国を経由して受容した「中国化された仏教」だ。来日した鑑真《がんじん》も、唐の僧侶だったし、日本仏教の源流に位置づけられる空海も最澄も、唐に留学して、真言宗と天台宗をもたらしたことは周知の通りである。

その意味で、日本人にとって「世界」そのものである中国は、対抗すべきライバルでもあり、学ぶべき先生でもあった。

とはいえ、やはり中国は遠い。

日中の関係は、「一衣帯水《いちいたいすい》」という言葉を用いて、近接しているように表現されることがある。だが、双方を隔てる東シナ海は「荒い海」で、陸続きの隣国のように人の往来が容易なわけではない。

わずか三十数キロメートルの海峡に隔てられた、イギリスとヨーロッパと比べると、日中の距離感は「隔絶」と表現しても過言ではないだろう。

したがって、日本と中国の間で、直接的な交流のない時間のほうが長かったのは無理もない。

また基本的には、中国と接触をもつ日本人は、政権のごく一部の要人に限られていた。時代が降《くだ》ると、禅宗の僧侶や貿易従事者が往来することもあったが、ほとんどの日本人は無関係だった。

つまり、日中関係は「疎遠」が常態だったのである。

そのため、相手のことを「こうではないか」と、勝手に独り合点で誤認しても、それほど差し障りはなかった。しかし、実際に接触する機会が生じると、当然ながら問題が起こってくる。

大昔のことはさておき、日中間で国際関係というレベルの交渉が始まったのは、室町幕府三代将軍の足利義満《あしかがよしみつ》からだろう。

義満が、国交と通商を求めようという日本側の事情で明《みん》に使いを出すと、明の永楽帝《えいらくてい》から日本国王に封《ほう》ぜられた。

義満が求めていないにもかかわらず「国王」としたのは、明が日本の状況に頓着《とんちゃく》しなかったからであろう。

時代が降って、豊臣秀吉が「明を征服する」として、文禄《ぶんろく》元年（一五九二）と慶長《けいちょう》二年（一五九七）、朝鮮に出兵した際も、相手のことをよく理解していなかった。苦戦も当然である。文禄の役《えき》の講和交渉のおり、日本は下位の国だからと、「秀吉を日本国王に封じてやればすむだろう」と中国は考えた。

これに秀吉が怒って、交渉は決裂。慶長の役へと至るが、結局は両者がともに、相手をよくわからぬまま戦争をはじめ、やめられなかったのである。

その点、交流を必要最小限にとどめた江戸幕府は賢明だった。

当時の「必要最小限」の交流とは貿易であり、「理解を超えている相手」と政治的な接触を避けた対応は、理想的な通交の一類型と捉えられるのではないだろうか。

日清戦争と「パーセプション・ギャップ」

嘉永《かえい》六年（一八五三）のペリー来航によって開国した日本は、明治維新以降、西洋文明をスタンダードとして、新国家の建設を進めた。

それは国内政治だけでなく、国際関係も同じである。日本は「主権国家として国境線を確定し、他の国々と条約を結んで国交を樹立する」という西洋流の国際関係に則り、明治四年（一八七一）に中国と日清修好条規を、明治九年（一八七六）には朝鮮と江華島条約を結んだ。

しかし、中国も朝鮮も、それまでの東アジアにおける国際秩序を前提としていて、それを改めるつもりはない。条約にしても法にしても、西洋のロジックとは異なる立場・観点で考えていた。

たとえば、江華島条約に「朝鮮は自主の国」とある。

日本は「自主の国」を「インデペンデント ステイト」の翻訳語と理解し、「独立国」の意味として受け取った。

ところが中国と朝鮮は、「朝鮮は国内政治も外交も自主」とする一方で、「朝鮮は中国の属国」という旧来の認識のままだった。

その齟齬《そご》が、「朝鮮の国際的地位」をめぐる問題で日本と中国を対立させ、明治二十七年（一八九四）、日清戦争へと至るのである。

これは陸奥宗光《むつむねみつ》も論じたとおり、中国を中心とする東アジアの世界観や秩序関係と、日本が倣《なら》おうとした西洋流の国際関係が衝突したものともいってよい。その意味では、中国と朝鮮に対する際、日本が相手をまったく忖度《そんたく》せず、西洋のロジックで考えたところに、争いの根があったと見ることもできる。日本人の言動の様式は中国大陸よりも西洋に近いようだ。

逆にいえば、中国や朝鮮半島の人々は西洋と合わない、違うロジックで考えるのである。たとえば、外国との約束に関して、西洋と日本は「条約を守ることは当然」とするが、東アジアでは「書いていないこと、必要としないこと、都合の悪いことは履行しない」というのが、スタンダードな考え方だった。

これほどロジックが違うのにもかかわらず、日本はそこをよく認識していなかった。一言でいえば、「パーセプション・ギャップ（認識のずれ）」が軋轢《あつれき》と衝突を不可避にしたのである。

日露戦争後の関係の変化

明治初期の日本にとって、仮想敵国は中国だった。

アヘン戦争でイギリスに負けた中国に対して、「西洋式の軍備を整えれば負けない」との見方がある一方で、日本は大国である中国を恐れてもいた。

たとえば、交通の不便な呉《くれ》（広島県）に軍港をつくったのは、中国を念頭に置いてのことである。「中国の軍艦が瀬戸内海まで進出してきた際に、対応しなければならない」という危機感があったのだ。

「清朝との戦争をやらないほうがいい」との国内の意見を押し切り、日本は戦争を始めて勝った。さらに十年後、ロシアとの戦争にも勝った二十世紀の初めごろまで、日本と大陸の主たる関係は「政治的レベル」にとどまっていたといえる。

その後、日本が産業革命を進めて工業国になると、ロシアから得た満洲の権益に加え、工業製品のマーケットとして中国市場の重要度が増し、日中関係の経済的な比重が大きくなった。

これと軌《き》を一《いつ》にするように、中国が西洋化を進めていく。

ロシアに対する日本の勝利が中国の西洋化を後押しし、日露戦争後の一時期、中国人が日本に留学して「西洋文明」を学んだ。

そして明治四十四年（一九一一）、辛亥革命が起こり、翌年、中国は清朝という王朝国家から、中華民国という西洋流の国民国家へと移行した。

とはいえ、中国社会はヨーロッパ的な仕組みと合わないところが多く、めざした近代化ははかどらなかった。そこにつけこんで、日本や列強諸国が権益の拡大を図るが、中国が「国家主権」「ナショナリズム」などの西洋流の概念に目覚めたことで対立が劇化する。

特に満洲に権益をもつ日本が、中国のナショナリズムの標的となった。日本は中国のマーケットに依存し、一方、中国の人々も日本製品に対するニーズをもっていただけに、こうした政治的な対立は両国の人々にあたかも生木《なまき》を裂くかのような事態をもたらした。「政治的関係」を切り離し、「経済的関係」だけでつきあう、江戸時代のような通交は、当時の両国にはもはやできなくなっていたと思われる。

さらに、第一次世界大戦以降、国際政治をリードするようになったアメリカが中国に同情的だったことは、日本に対するプレッシャーの一翼を担った。

日本が真似をしたヨーロッパ列強は、自分たちが武力によって、中国で植民地や権益を得てきた経緯もあって、「日本の行動にも情状酌量《しやくりよう》の余地がある」というスタンスをとっていた。だが、アメリカには後ろめたいことがほとんどない。しかも太平洋を挟んで日本と対立していたので、アメリカの対応は遠慮・仮借がなかった。

そうした要素が絡み合い、日中の政治的な交渉の失敗が深刻な事態につながる流れを、いっそう強めていった。そしてその帰結として、昭和十二年(一九三七)の日中戦争へと至るのである。

なお、「同じことを西洋諸国もやっている。それを真似した日本だけを批判するのはおか

古代から日中戦争まで……両国の関係史

和暦	西暦	出来事
	紀元前1世紀頃	倭人が百余の小国に分かれ、定期的に漢を訪れる
	238	邪馬台国の卑弥呼、魏に朝貢
舒明　2	630	遣唐使、派遣開始
天智　2	663	白村江の戦い
寛平　6	894	遣唐使、廃止
文永　11	1274	文永の役
弘安　4	1281	弘安の役
応永　8	1401	足利義満、明に使者を派遣
文禄　元	1592	文禄の役（～93年）
慶長　2	1597	慶長の役（～98年）
天保　11	1840	アヘン戦争（～42年）
明治　4	1871	日清修好条規
27	1894	日清戦争（～95年）
28	1895	下関条約
38	1905	日本、ポーツマス条約により満洲に権益を得る
44	1911	辛亥革命
大正　元	1912	中華民国、成立
3	1914	第一次世界大戦（～18年）
4	1915	対華二十一箇条要求
8	1919	五四運動
昭和　元	1926	蔣介石の北伐開始（～28年）
6	1931	満洲事変
7	1932	満洲国、建国宣言
12	1937	日中戦争（～45年）

出所：各種資料をもとに編集部にて作成

しい」「中国がロシアに差し出したようなものだった満洲なのに、日本だけが中国を侵略していると非難されるのは不公平だ」と、日本人は思っているところがある。

しかし、西洋列強は国家・国民・国土という概念がまだ明確ではない時代の王朝国家・清朝を侵略したのに対し、日本は西洋化を進めている時代の中国に手を出している。そのため、日本の行動が目立つのは当然のことといえよう。

問題の根源

十九世紀から二十世紀にかけては、西洋のロジックを取り入れた日本が、東アジアの在来秩序のままだった中国と衝突した。

二十世紀前半からは、それまで稀薄だった双方の経済的な結びつきが深化する一方で、中国が西洋のロジックを取り入れて、日本に反撥した。

近代の日中関係は、そのような構図として描けるだろう。

そこでポイントとなるのは、世界観、秩序観、そして社会の仕組みにおいて、日本と中国がまったく異なることを、互いに理解していなかったという点である。

日清戦争、日露戦争に勝った日本人は、自国を「文明国」だと思い、中国に「文明」を強要し、当時は「中国が日本のようになれないのは、劣っているからだ」という考え方が根強かった。

そこに、「日本と同じようにいかないのは、それまでの歴史が作用しているからだ」という視点はない。

前述のように、日露戦争後に中国人留学生が日本へやって来たが、彼らにしても「西洋文明」を学ぶだけで、日本については勉強しなかったため、「なぜ、日本が西洋化できたのか」がわからなかった。

近代の日中関係における問題の根源は、このように互いに相手の歴史を学ばなかったことにあるのではないだろうか。

もちろん、「互いにわかっていない」という状態は、どの国の関係にもあてはまり得るし、わかり合っていなくとも何となくうまくやっている国々もある。

しかし、そうしたケースと比べて、日本列島と中国大陸の隔たりは、すぐれて大きいといわざるを得ない。

「互いに相手のことを知らない」という傾向はいまでも色濃く、根の深い問題である。その意味では、今日において、「日中関係の適切な処方箋」を見出すのはなかなかに難しい。

ただひとつ指摘できるのは、「日本がどれだけ中国のことをわかっていないか」を理解することの重要性である。

少なくとも、「自分は相手をどこまでわかっているのか」と、常に懐疑的であるほうが、泥沼の対立に陥る危険は小さくなるのではないだろうか。

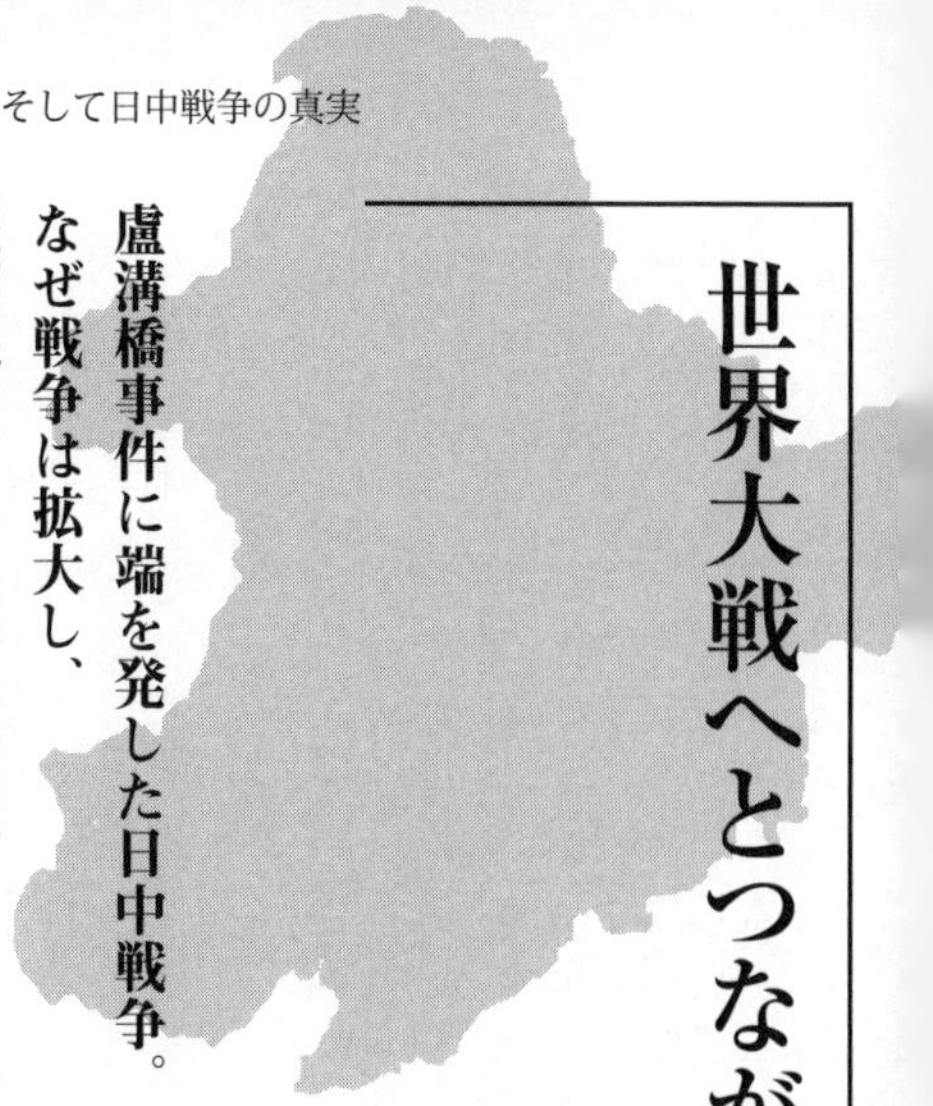

世界大戦へとつながっていった「中国戦線」

平塚柾緒

盧溝橋事件に端を発した日中戦争。
なぜ戦争は拡大し、
泥沼化してしまったのか。
中国戦線における、
日中双方の動きを読み解いていく。

日本軍を混乱させた「盧溝橋の一発」

昭和十二年（一九三七）七月七日の夜十時過ぎ、北平《ほくへい》（現・北京）の豊台《ほうたい》に駐屯していた日本軍の支那駐屯歩兵第一連隊第三大隊第八中隊は、北平郊外の永定河《えいていが》に架《か》かる盧溝橋の付近にある龍王廟《びょう》の前面で夜間演習をしていた。

その龍王廟には中国軍陣地もあり、この日は約二百名の兵がトーチカを構築中であったといわれる。

午後十時半過ぎ、日本軍は夜間演習を終えて帰隊しようとしていた。そのとき突然「パン、パパーン」と数発の銃声が轟《とどろ》いた。

第八中隊長の清水節郎《せつろう》大尉は集合ラッパを吹かせ、兵員を集合させた。すると再び十数発の銃声が轟いた。敵襲に違いない――。

のちに「盧溝橋の一発」と言われるこの夜の銃声は、後日の調査によると日中双方とも「中国軍の発砲」、「日本軍の発砲」と思い込み、軍事行動に移ったのだという。

「盧溝橋の一発」は、ただちに北平城内にいる連隊長の牟田口廉也《むたぐちれんや》大佐に報告された。

「撃たれたら、撃ち返してやれ！」

連隊長の叱咤が飛んだ。

夜が明け、中国側の攻撃は本格化してきた。第三大隊は攻撃前進し、永定河左岸堤防や龍王廟を占領し、中国軍を一掃してしまった。

日本軍は、事件収拾のために北平特務機関長の松井太久郎《たくろう》大佐らを現地に派遣し、八日の夕方に北平市長兼第二九軍副軍長の秦徳純《しんとくじゅん》との間で「事件不拡大」の合意書を交わした。

一方、事件の報告を受けた日本政府（近衛文麿内閣）と陸海軍当局は現地解決の方針を固め、八日に参謀総長名で梅津美治郎《うめづよしじろう》支那駐屯軍司令官に停戦条件を指示し、停戦協定の締結方針を訓令した。

翌七月九日、日中両軍は協定に従って盧溝橋付近から撤退することになった。だが、この命令は中国軍では徹底されなかった。協定に従って撤退中の日本軍が、またもや中国軍の銃撃を受けたのだ。

さらに七月十日の夕刻には、参謀本部に南京駐在の武官から「国民党の中央軍が北上を開始した」という情報も入った。

情報は陸軍中央の戦争拡大派を元気づけた。翌十一日、日本は「居留民および支那駐屯軍の保護」を名目に、これまでの現地解決策を破棄して内地からの三個師団派兵が決定された。同時に事件を「北支《ほくし》事変」と称することも決められた。

至るまでの日中双方の動き

出所：各種資料をもとに編集部にて作成

中国軍も臨戦態勢に入り、中国共産党は七月十五日、国共合作による抗日戦を呼びかけた。局地解決を進めていた蔣介石の国民政府も、「国家存立のため、全国民が最後の血の一滴まで傾倒して抗戦するのみ」と声明を発表した。

こうして〝盧溝橋の一発〟は、一挙に日中全面戦争へと発展していった。

上海から南京へ、拡大する戦線

八月に入り、華北の戦闘は上海に飛び火した。

八月九日の夕方、上海駐屯の海軍陸戦隊付の大山勇夫《いさお》中尉と運転手の斎藤要蔵《ようぞう》一等水兵が、中国兵に射殺されたのが上

日中戦争から太平洋戦争に

和暦	西暦	月	日	出来事
昭和12	1937	7	7	❶盧溝橋事件
			11	現地で停戦協定締結
				日本、華北へ派兵決定
		8	9	❷上海での大山中尉射殺により戦線拡大
			14	中国、抗日自衛宣言発表
		11	5	❸日本の第10軍、杭州湾上陸
			7	日本、中支那方面軍を編成
			19	❹日本、蘇州、嘉興を占領
		12	13	❺日本、南京占領
13	1938	1	16	近衛文麿首相、「国民政府を対手とせず」と声明
		4	7	日本、徐州攻略作戦を発令
		5	20	❻日本、徐州占領
		8	22	日本、武漢作戦開始
		10	21	❼日本、広東占領
			26	❽日本、武漢三鎮を占領
		11	3	近衛首相、東亜新秩序建設を声明
14	1939	2	10	❾日本、海南島上陸
		3	27	❿日本、南昌を占領
		5		襄東攻略戦
			11	⓫ノモンハン事件
		7	26	米、日米通商航海条約の破棄を通告
		9	1	欧州で第二次世界大戦始まる
				贛湘攻略戦
15	1940	3	30	汪兆銘政権が成立
		9	27	日独伊三国同盟締結
16	1941	12	8	日本、真珠湾を奇襲、太平洋戦争始まる

海戦の発端であった。

事件の一報を受けた現地の日本軍は、「居留民保護」を名目に武力行動を起こし、戦火を一挙に拡大していった。

翌八月十日、日本の海軍中央は第一水雷戦隊と陸戦隊三千名を急派した。当時、上海駐留の海軍陸戦隊は約四千名だったから、合計七千名の兵力である。

さらに海軍は陸軍にも兵力派遣を要請し、政府は松井石根《いわね》大将を軍司令官とする上海派遣軍を編成して送り込んだ。

中国の国民政府も蔣介石を陸海空三軍の総司令に任命し、八月十四日には抗日自衛宣言を発表、十五日には全国総動員令を発して対日全面抗戦に踏み切っていた。その総兵力は三十一個師（師団）、約二十万とも三十万ともいわれる。

日本も次々増援部隊を送り込み、松井軍司令官は十月八日に総攻撃を開始した。

さらに十一月五日には、柳川平助《やながわへいすけ》中将を軍司令官とする新編成の第一〇軍を杭州《こうしゅう》湾に敵前上陸させた。この柳川兵団の上陸は中国軍を混乱に陥れ、一挙に総崩れとなった。

そして日本軍は十一月十九日には蘇州《そしゅう》、嘉興《かこう》を占領し、参謀本部が設定していた進出制限線まで到達していた。上海戦における日本軍の損害は戦死約九千、負傷約三万一千名という厖大《ぼうだい》なものだった。

上海を制圧した日本軍は、次の攻略目標を南京に置いた。

政府も大本営も日中の武力衝突には不拡大方針を原則としていたが、現地軍は独断で戦線を拡大し、大本営はそれを事後承諾、追認のかたちで次々と認めてきた。南京攻略もその二の舞、三の舞であった。

上海攻略が峠を越した十一月七日、陸軍は上海派遣軍と第一〇軍を統一指揮する中支那方面軍を編成し、軍司令官には南京攻略積極派の松井大将を親補《しんぽ》した。

このとき上海を制圧した各部隊は、すでに松井大将の命令で南京を目指して進軍していた。この現地軍の行動に引きずられて、大本営が中支那方面軍に〝南京攻略を命じた〟のは十二月一日で、そのとき日本軍は早くも南京郊外に達していた。

十二月四日、日本軍は中国軍陣地への攻撃を開始した。迎撃する中国軍は十万といわれ、徹底抗戦を叫んで挑んできた。しかし南京への一番乗りを狙う日本の各部隊は、十二月八日には南京城外に迫った。

このとき蔣介石総統をはじめ国民政府首脳はすでに市内を脱出、漢口に移動していた。残った中国軍南京衛戍《えいじゅ》司令の唐生智《とうせいち》は、十万の兵と南京市長の馬超俊《ばちょうしゅん》とともに籠城を決めていた。しかし、装備に勝る日本軍は分厚い城壁を破壊して、城内になだれ込んだ。

昭和十二年十二月十三日、南京は陥落する。そして日本軍は夜を徹して〝残敵掃討〟に入った。世にいう「南京大虐殺」はこのときに起こったものである。

中国軍に裏をかかれた徐州会戦

中支那方面軍が南京攻略を行なっているとき、華北の北支那方面軍は済南《さいなん》などで山東作戦を実施し、海軍は青島《チンタオ》攻略を行ない、いずれも中国軍を敗走させていた。

そこで今度は中支那方面軍と連携して中国内陸部に兵を進め、鉄道の隴海《ろうかい》線と津浦《しんぽ》線を確保する打通《だつう》作戦を開始していた。

隴海線と津浦線が交差し、華北と華中を結ぶ交通の要衝《ようしょう》にあるのが徐州《じょしゅう》である。

中国軍の第五戦区の本拠地で、李宗仁《りそうじん》を戦区司令官に、最精鋭を謳《うた》われる国民政府直系の湯恩伯《とうおんはく》軍も参戦していた。その総兵力は中央直系軍十個師を含め、四十個師から五十個師とみられた。

日本軍は、これぞ中国軍撃滅のチャンスとみた。作戦が成功すれば津浦線の南北は打通し、漢口攻略も可能になるからだ。

徐州に入城する日本軍部隊（昭和13年）

昭和十三年（一九三八）四月七日、大本営は北支那方面軍と中支那派遣軍（前中支那方面軍）に徐州攻略を発令した。南北から中国軍を挟撃《きょうげき》しようという作戦である。

作戦には陸海の航空隊も参加し、空爆を行なうことになった。日中戦争中「会戦」と呼ばれた作戦はこの徐州作戦だけで、その名の通り大部隊同士が対決する一大決戦だった。

五月十二日、北支那方面軍と中支那派遣軍は徐州市外に迫った。総攻撃開始である。ところがこのとき、中国軍は密かに退却を始めていた。

五月十四日の夜、漢口にいる蔣介石は徐州放棄を決意し、全軍に機動退却戦を命じていた。すなわち、日本軍の徐州進出を食い止めながら、徐々に後方に部隊を移動させ、戦力の温存をはかろうという作戦だった。

十六日から始められたこの退却戦は、多くの犠牲を出したが成功する。日本軍はただちに追撃したが、中国軍の五分の一にすぎない兵力では、包囲殲滅《せんめつ》は無理な話であった。

五月十九日の朝、日本軍先頭部隊は徐州城内に突入を開始し、翌二十日、完全占領した。

だが作戦の主目的である中国軍殲滅は成らず、日本軍は再び苦しい追撃戦を強いられる。

積極拡大策をとった武漢・広東作戦

「敵、中国軍を殲滅する」という徐州会戦の目的を達せられなかった日本軍は、次の目標を武漢三鎮《ぶかんさんちん》と広東《カントン》の攻略に定め、より一層の積極攻勢に作戦を転換した。

武漢三鎮とは揚子江《ようすこう》中流域の両岸にある武昌《ぶしょう》、漢口、漢陽《かんよう》の三都市の総称で、北京と結ぶ京漢《けいかん》鉄道、広東と結ぶ粤漢《えつかん》鉄道の起点になっている華中の要衝である。

この漢口に南京を追われた蔣介石は政府を移していた。そのため日本軍の作戦の目的も漢口を一気に攻略し、同時に英米などからの物資援助の〝援蔣《えんしょう》ルート〟の重要拠点である広東をも攻略して、戦争解決の糸口をつかもうというものだった。

ここに徐州会戦と武漢作戦の目的の違いがあった。徐州会戦は中国軍の殲滅が主たる目的であったが、これから行なう武漢攻略は要衝地の占領が目的なのである。

作戦は中支那派遣軍を中心に、北支那方面軍から第二軍を転用し、さらに新たに編成した第一一軍を配属して、日中戦争開戦以来最大の兵力をもって実施することになった。

具体的には第一一軍が揚子江の両岸を遡《さかのぼ》って武漢を目指し、第二軍は徐州の北方から大《ター》別山《ピエシャン》系を越え、武漢に迫ろうというものだった。

作戦は昭和十三年八月二十二日に開始された。大別山系を越える第二軍は商城《しょうじょう》の南方から山岳地帯を横断する部隊と、光州《こうしゅう》から信陽《しんよう》を経て漢口に向かう部隊の二手に分かれて行動を開始した。

光州から信陽を経る師団は、胡宗南《こそうなん》軍の迎撃に遭いながらも十月十二日には信陽を陥したが、山岳越えの第一三師団と第一六師団は強力な中国軍に阻まれていた。それでもどうにか十月二十六日ごろまでには山岳地帯を越え、麻城《まじょう》付近に前進することができた。

一方、揚子江の両岸を進む第一一軍の各師団も中国軍の包囲攻撃に遭っていたが、幸い右岸を進む第六師団は九月上旬には田家鎮《でんかちん》、広済《こうさい》の激戦をくぐり抜けて十月上旬には蘄春《きしゅん》を占領、漢口に近付いていた。左岸の揚子江南岸を進む他の師団も陸海両軍の協力を得て馬頭鎮《ばとうちん》での攻防の末、漢口防衛の前線要塞を占領していた。

漢口防衛の拠点である田家鎮と馬頭鎮が陥落したことを知った蔣介石は、十月十七日に漢口から撤退して、さらに奥地の重慶《じゅうけい》に政府と軍司令部を移した。

この総指揮官の漢口撤退で中国軍は総崩れとなり、日本軍は十月二十六日に武漢地区の占領に成功した。だが、武漢三鎮を占領して戦争解決の糸口をつかもうという期待は、国民政府の重慶移転でむなしく消え去ってしまった。

漢口作戦に呼応して、華南では第二一軍（台湾軍司令官古荘幹郎《ふるしょうもとお》中将指揮下三個師団で編成された）が、十月十二日にバイアス湾に奇襲上陸をして西進、その一部は珠江《しゅこう》を遡行《そこう》して広東を目指していた。

ところが中国軍の抵抗は予想外に弱く、そのため漢口占領に先駆けて十月二十一日には広東を占領していた。

漢口、広東の陥落は国民政府、中国国民にとっては大きなショックだった。これによって中国の主要な商工業の中心都市はすべて日本軍の占領下に置かれたからである。

だが、武漢、広東の両攻略戦をもってしても中国を屈服させることはできなかった。それどころか相次ぐ占領地の拡大によって、来るべき中国統治の対策にことのほか苦慮していたのは、ほかならぬ日本の参謀本部であり、軍部中枢であった。

軍部の意図した進攻作戦は、この時点、すなわち武漢・広東攻略戦で限界に達していた。この伸びきった戦線では占領地をいかに維持するかが最大課題で、すでに共産党の八路軍、新四軍のゲリラ戦に振り回される状況が現出していた。

治安確保地域と作戦地域

昭和十三年の秋、武漢、広東攻略戦が終わった後、大本営は中国奥地への進攻を停止して長期持久の態勢をとり、政略的に事変を解決しようと方針を変えた。

方針変更の背景には、中国軍を追って重慶まで進攻するには動員兵力、物資補給など、あらゆる面で困難が予想されたためである。

大本営の方針変更に沿って、中国大陸では特に必要のない限り占拠地域は拡大せず、抗日勢力に対してはあくまでも壊滅するという方針は維持し、治安の安定確保にあたる地域と、軍事力による作戦地域とに大別して施策することにした。

治安確保地域とされたのは、華北では河北《かほく》省北部、山西《さんせい》省北部、山東省、蒙疆《もうきょう》地方で、華中は濾州《ろしゅう》、蕪湖《ぶこ》、杭州の線以東である。上海、南京、杭州の三角地帯は治安回復、主要交通網の掌握《しょうあく》を目指すというものだった。

しかしゲリラ戦を展開する八路軍のために、どの地域でも治安の安定確保は容易ではなかった。

一方、武漢、九江《きゅうこう》方面では、国民政府軍の抗戦企図を破砕《はさい》するため、岡村寧次《やすじ》中将指揮下の第一一軍（兵力約三十万）が、国民政府軍の百余個師（兵力約八十万）と対峙していた。

昭和十四年（一九三九）二月から三月にかけて行なわれた南昌《なんしょう》攻略をはじめ、漢口西北方の襄東《じょうとう》攻略戦（五月）や洞庭湖《どうていこ》、岳州《がくしゅう》方面で行なわれた贛湘《かんしょう》攻略戦（九月）などの作戦は、いずれも反攻を目的に集結した中国軍に対して打撃を与えては駐屯地に復帰するという戦闘方法で、進攻する作戦ではなかった。

このような軍事的な新局面下、重慶政権に痛打を与える戦法として、陸海両軍は先の広東攻略戦に香港からの補給路を断った経験から、補給路遮断作戦を急遽《きゆうきよ》取り入れた。

昭和十四年二月、日本軍は南シナ海の海南島《かいなんとう》を占領し、六月には華南の要港の一つである汕頭《スワトウ》を攻略。さらに八月になると九龍《きゆうりゆう》半島の深圳《しんせん》を占領して、中国沿岸の封鎖を完成させようとした。

こうした一連の軍事行動は、同時に南方進出への軍事拠点確保をも意味するものだったから、アメリカ、イギリスを刺激する行動ともなった。

こうして日本軍が戦争指導の転換を行なっていた最中の昭和十四年五月十一日、満蒙《まんもう》国境で関東軍とソ連・外蒙《がいもう》軍との間で軍事衝突が起こった。ノモンハン事件である。

続いて七月二十六日には、アメリカが日米通商航海条約の破棄を通告してきた。

九月一日、ヨーロッパではナチス・ドイツがポーランドへ侵攻し、第二次世界大戦が始まる。

そして日本は昭和十六年（一九四一）十二月八日、真珠湾を奇襲、米英とも開戦するのである。

戦争を拡大させてはならない！
参謀次長・多田駿の孤独なる闘い

岩井秀一郎

「爾後《じご》、国民政府を対手とせず」との声明は
なぜ出されてしまったのか。
その声明発出に、直前まで反対し続けた一人の男がいた。
参謀次長・多田《ただ》駿《はやお》である。
陸軍の多田がなぜ、異を唱えたのか。
そしてそれを阻害したものとは――。

和平交渉継続を訴え続け……

昭和十三年（一九三八）一月十六日、大日本帝国の総理大臣だった近衛文麿は、一つの重大な声明を発表した（引用資料はカタカナをひらがなに、旧字体を新字体に直し、適宜読点を入れた。以下同）。

「帝国政府は、南京攻略後、なお支那国民政府の反省に最後の機会を与うるため、今日に及べり」

「国民政府」とは、当時日本と実質的な戦争状態にあった中華民国政府のことであり、そのトップは蔣介石であった。

声明は続けて「しかるに、国民政府は、帝国の真意を解せず、みだりに抗戦を策し、内、民人塗炭の苦しみを察せず、外、東亜全局の和平を顧みるところなし」と非難する。そして「帝国政府は爾後、国民政府を対手とせず」と、蔣介石率いる国民政府との和平交渉を拒絶する態度に出た。

実はこの声明発出までには、紆余曲折があった。前年の昭和十二年（一九三七）七月の盧溝橋事件以降、日中戦争の拡大を防ごうと、多くの人々が尽力した。声明発出の前日、すなわち一月十五日に行なわれた大本営政府連絡会議においても、激しい議論が交わされた。

とは言っても、連絡会議で和平交渉の継続を積極的に主張し、奮闘したのはたった一人と言ってもいい。その人物こそ、参謀本部次長、陸軍中将の多田駿である。

多田駿は、陸軍でも屈指の「支那通」（中国通）として知られた軍人である。

明治十五年（一八八二）二月、元仙台藩士多田継《つぐ》の子として生まれた。仙台陸軍地方幼年学校の第一期生から、中央幼年学校、士官学校へと進み、卒業後に少尉として日露戦争に従軍する。

多田 駿

大正二年（一九一三）には陸軍大学校を卒業。それからの多田は、中国に縁のある職場を多く経験する。大正六年（一九一七）には中華民国の陸軍大学校教官として北京へと赴き、満洲国成立後は軍政部最高顧問として満洲国軍の育成を助けた。

そして昭和十年（一九三五）、天津の支那駐屯軍司令官に任じられた。昭和十一年（一九三六）には中将に進級して善通寺《ぜんつうじ》（香川県）

の第十一師団長となり、翌年八月、参謀次長として中央へと赴いた。

多田は、少年の頃から中国の文化に敬意を払い、仏教の思想に憧れを持っていた。戦後記した手記には「予《よ》の人生観又は世界観とも言うべきものは仏教陽明学《ようめいがく》等の影響を受け万物一体の思想なり」とある。陽明学とは「知行合一《ちこうごういつ》」（知る事と行なう事は同じ）を中核に据える、中国明代の思想家王陽明《おうようめい》の起こした学問のことだ。

仏教では、特に禅僧の良寛和尚《りょうかんおしょう》に傾倒していた多田を、「軍人というより文化人」（楢橋渡《ならはしわたる》『激流に棹《さお》さして』）とみる人もいた。

戦線不拡大への奮闘

さて、参謀次長として中央に赴いた多田であるが、この直前、中国では大事件が起こっていた。盧溝橋事件である。

北京の西南方にある石橋、盧溝橋付近で偶発的に起きたこの事件は、当初は局所的な衝突に過ぎず、すぐに解決するとみられた。

しかし、当時日中の間は険悪で、ささいな事件が軍事衝突に発展しかねなかった。事実、盧溝橋の後も廊坊《ろうぼう》事件や広安門《こうあんもん》事件といった小競り合いは続き、ついに八月九日、海軍陸戦隊所属の大山勇夫中尉らが上海で残酷な方法で殺害され、事態は拡大の様相を見せ始める。

日本側は犯人の処刑などを要求したが、蔣介石は応じず、逆に第九集団軍に上海包囲を命じた。さらに十四日になって第三艦隊や領事館が爆撃されると、慎重派だった米内光政《よないみつまさ》海軍大臣までも強硬な態度をみせる。閣議では「斯《か》くなる上は事態不拡大主義は消滅し、北支事変は日支《にっし》事変となりたり」と言い放つ。

当時、参謀総長は皇族、次長は病臥《びょうが》中で、実質的な責任者は第一部長の石原莞爾だったのだが、石原は「上海出兵は海軍が陸軍をひきずって行った」と述べている（日本国際政治学会太平洋戦争原因研究部編『太平洋戦争への道　第四巻　日中戦争〈下〉』）。

とはいえ、強硬論は参謀本部内にもあり、石原は苦心していた。そうした中、病気の前任者に替わって次長となったのが、多田であった。石原の推挙とも言われている。

多田の姿勢は明確だった。例えば八月十八日、昭和天皇のご下問《かもん》に対して「上海を速やかに確保することで敵の戦意をくじく」という旨の奉答《ほうとう》案が陸海軍同意で作成されたが、多田一人が、「重要問題であるから一夜熟考したい」として即答を避けた。

翌日「原案では、かくの如くすれば容易に支那をして、戦意を喪失せしめ得るであろうとの印象を受けるので、奉答として稍《や》々《や》適当でないところがある。むしろ場合によっては、相当長期に亙《わた》るの覚悟を要する旨言上《ごんじょう》せられる方が、実際としてよいであろう」と意見を出したのである（今岡豊『石原莞爾の悲劇』）。

ここから多田の、和平のための「戦い」が始まる。間もなく石原は強硬派との軋轢から関東軍参謀副長へと転任するが、和平への道筋はつけていた。それこそが、「トラウトマン工作」である。

駐華ドイツ大使オスカー・トラウトマンを通じて行なうこの工作のため、石原らは当時参謀本部の裏手にあったドイツ大使館付武官オイゲン・オットに連絡をとっていた。直接の連絡担当者は、参謀本部第二部の馬奈木敬信《まなきたかのぶ》中佐である。

多田はこの工作に大きな期待をかけた。「わが方の態勢のよい時機をとらえ、敵将の面子《めんつ》をたて、あまり強過ぎない条件をもって是非とも和平を実現したい」（今井武夫《いまいたけお》、寺崎隆治ほか『日本軍の研究・指揮官（下）』）。

多田は、海軍とも和平について相談していた。九月十三日には軍令部次長の嶋田繁太郎《しまだしげたろう》を訪ねて、十月中旬には敵に大打撃を与えられるだろう、ほぼ同時に北支那方面軍も敵を撃破できるから、この時こそが講和条約の絶好の機会だ、と述べている。

さらには、近衛首相が領土については野心がないと表明しているが、中国はそれを疑っている、との懸念を述べている。多田の細かい配慮がうかがわれる。

上海戦は苦戦しつつも、十一月十一日には「完全占領」が宣言された。この戦いの後、参謀本部の河辺虎四郎《かわべとらしろう》第二課長が、現地軍司令官との打ち合わせに赴いている。

多田はこれ以上の戦線拡大を認めなかったが、中支那方面軍司令官の松井石根大将は南京攻略の必要性を強調し、武藤章《むとうあきら》参謀副長も南京が落ちれば敵は降伏する、と強気だった。

また、河辺が視察中の多田の日記には「中支那の蘇州《そしゅう》攻略後なお直進せんとせるため、これを止めんとす」とある。しかし「指示を出さんとせしも、一課長、有末《ありすえ》（次《やどる》）等の意見にて、明日河辺大佐の帰るまで保留す」と、中支那方面軍の進撃を止めようとしたところ、部下たちに説得されたことが記されている。

この間もトラウトマン工作は続けられた。連絡係だった馬奈木は十月十七日、オットと共に日本を発ち、上海へと向かった。二人は、ここでトラウトマン駐華大使と直接会談する。馬奈木はトラウトマンに和平条件を提示するが、トラウトマンは日本側の条件が予想以上にゆるやかだと驚いたという。

しかし、蔣介石は日本側の条件を受け入れなかった。十一月にブリュッセルで開かれる九カ国会議が、日本へ制裁を科してくれることを期待したのである。

だが結局、九カ国会議は制裁を決定することができなかった。失望した蔣は十二月二日、トラウトマンと会見し、「日本側の要求は前と同じか」と問いただす。トラウトマンは主要事項は大差ないと答えると、蔣は、ドイツが日支間の調停者となることなどの条件を出し、和平交渉に応じる気配を見せた。

ところが、今度は日本政府が応じなかった。広田弘毅外相は軍事的な成功を背景に、以前の条件で国民が納得するかわからない、として即答を避けた。そして十二月十三日、南京が陥落する。

この後、新しく決定された和平の条件は、日本への賠償金支払など、かなり厳しいものとなった。日本側提示案に対する回答期限は来年（昭和十三年）一月十五日とされた。

しかし、期限直前の一月十三日に蔣からもたらされた返答は、「曖昧な点が多いので、具体的な説明を求めたい」というものだった。広田はこれを、「遅延策だ」とみなしてしまう。

多田の涙が意味するもの

そして期限の一月十五日に開かれた大本営政府連絡会議にて、交渉継続を主張する参謀次長多田駿と、その他ほぼ全員が交渉打ち切りを主張という形で激論が交わされた。

会議への出発前に多田は、「本日の会議は必ず決定を保留せしむべし」と断言していった（堀場一雄『支那事変戦争指導史』以下同書より）。「決定」とは「和平交渉打ち切り」のことに他ならない。実際、連絡会議では「事の重大なるを指摘し、即断を避け、さらに支那側最後の確答を待つべき旨を強調」し、交渉継続を訴えた。

だが、多田は孤軍だった。同じく陸軍の代表者である杉山元陸相が、「期限まで返電なきは和平の誠意なき証左なり。蔣介石を相手にせず屈服するまで作戦すべし」と言い、広田外相も「永き外交官生活の経験に照らし、支那側の応酬ぶりは和平解決の誠意なきこと明瞭なり。参謀次長は外務大臣を信用せざるか」と出る。

近衛首相も「速やかに和平交渉を打ち切り、我が態度を明瞭ならしむるを要す」、米内海相に至っては、「政府は外務大臣を信頼す。統帥部が外務大臣を信用せぬは同時に政府不信任なり。政府は辞職の外《ほか》なし」と、辞職までチラつかせる。

こうして見ると、政府は唐突に始まった日中戦争に確たる見通しがなく、和平交渉に出るかと思えば、戦果の拡大に気を大きくするなど、一貫性がなかったことがわかる。

多田は、これに激しく反発する。「明治大帝《たいてい》は朕《ちん》に辞職なしと宣《のたま》えり。国家重大の時期に政府の辞職云々《うんぬん》は何ぞや」と「声涙《せいるい》共に下る」反論を行なった。要するに、重大局面で簡単に辞めるなどと言うなと諭《さと》したのである。

参謀本部（多田）と閣僚の議論は平行線を辿った。昼を挟み、夕刻までたっても多田は折れない。このままでは、本当に内閣は崩壊する。ここで手を打ったのは、陸相の杉山だった。杉山は秘書官と部下を参謀本部総務部長の中島鉄蔵《なかじまてつぞう》のもとへ走らせ、多田の説得を依頼した。中島は多田や河辺、本間雅晴《ほんままさはる》第二部長らに内閣総辞職の危機を訴えた。総辞職となれば、電報だけで日本の内閣が崩壊したことになり、あまりに体裁が悪い。多田は、ついに決断した。

「参謀本部としてはこの決議には同意しかねるが、しかしこれがために内閣が潰れることになれば国家的にも非常に不利であるから黙過《もっか》して、あえて反対は唱えない」（井本熊男『支那事変作戦日誌』）。まさしく「断腸《だんちょう》の思い」と言っていい決断だった。かくて翌日、冒頭の「近衛声明」が発出されたのである。

多田はなぜ、これほどまでに和平にこだわったのだろうか。一つには、長期戦による消耗と、それに伴うソ連の進出への警戒が挙げられる。これは多田だけでなく、参謀本部の和平派の考えでもあった。

もう一つは、「日本と中国が戦争をする」ことへの本質的な嫌悪感が挙げられる。多田が幼少期から中国文化に親しみを持っていたことは述べたが、現地人とも中国語で話し、民衆への労《いたわ》りの心も持ち合わせていた。

多田はこの後、参謀本部を去り、ついに中央へ戻ることなく昭和十六年（一九四一）九月、陸軍大将昇進直後に予備役に編入された。太平洋戦争が勃発するのは、同年十二月のことである。

多田はその後、千葉県の館山《たてやま》に退き、昭和二十三年（一九四八）十二月、胃癌のため死去した。彼が戦後残した記録の一つに「波長道楽」というものがある（多田家所蔵）。

この中で多田は「終戦」という呼び方を「卑怯と思う」と述べ、自分の子らに「自己完成に努めて即《すなわち》日本の完成に力を尽くせ」と託している。多田は「新日本」の建設のために、大きなことよりも、まずは自らの研鑽《けんさん》にはげめ、と言い残したのである。仏教に造詣《ぞうけい》の深い、多田らしい言葉ではないだろうか。

その後の日本の歩みを多田がどう見るかはわからないが、「終戦」という呼び方を「卑怯」と嫌ったその心は、戦後の歴史そのものに対する、鋭い警句なのかもしれない。

汪兆銘工作、桐工作……和平に奔走した陸軍軍人・今井武夫の信念

広中一成

泥沼化する日中戦争の裏側で、
数々の和平工作に奔走した人物がいる。
陸軍軍人、今井武夫である。
なぜ、彼は最後まで日中の和平を願ったのか。
その信念が、現代に問いかけるものとは――。

日本陸軍きっての「タフネゴシエーター」

盧溝橋事件勃発から四日後の昭和十二年（一九三七）七月十一日、現地で衝突した支那駐屯軍と国民革命軍第二九軍が停戦協定を交わし、戦闘を停止した。

しかし、そのわずか数時間前、日本政府は緊急閣議を開き、現地日本居留民保護を名目に華北派兵を決定する（日本内地からの派兵は保留）。これにより、停戦は事実上反故にされ、消えかかっていた華北の戦火は、再び燃え上がった。

この日本政府の決定は、日中戦争初頭の最初にして最大の判断ミスであったといえよう。その一方、現地交渉によって盧溝橋事件がわずか四日で停戦に至ったことは、大いに評価してよい。

この交渉を成功に導いた立役者のひとりが、今井武夫少佐である。当時、彼は北平（現北京）の日本大使館付陸軍武官輔佐官（北京武官）で、事件発生直後から第二九軍側に出向いて停戦の折衝にあたっていた。

その後も今井は、太平洋戦争開戦まで、一貫して日中の和平工作に携わっていく。日本陸軍のなかで、彼ほど「タフネゴシエーター」ぶりを発揮した者はいないだろう。

そこまで彼を駆り立てたものは何か。その和平工作はなぜ失敗に終わったのか。砲弾の飛ばない戦争の裏面に光を当てよう。

中国への愛着と長男の死

今井の三男・貞夫《さだお》は、母（武夫の妻）から、かつて次のようなエピソードを聞いたという。

今井が北京武官だったころ、「『今井は和平ばかり言う軟弱軍人だから、そのうちこういう目に遭うぞ』と言って、軍人の誰かが、中国人の生首《なまくび》をパーティの宴会に出して脅したことがあったそうです」（「『幻の日中和平工作』を執筆して―今井貞夫インタビュー」、『中国21』Vol.31）。

汪兆銘工作に関わっていたころの今井武夫

あるとき、今井が和平工作のために電報を出すと、日本大使館の雇員《こいん》がそれをわざと遅らせた。またあるときは、和平交渉で出かけようとすると、乗ろうとした車のタイヤがパンクさせられていた。これらの嫌がらせにあいながらも、今井は日々、中国人と交流を重ねる。

特に盧溝橋事件で戦う第二九軍の幹部とは積極的に付き合った。同軍長を務めた宋哲元《そうてつげん》の娘の結婚式には、日本軍から今井夫妻だけが招かれている（今井と第二九軍の交流の様子は、彼が遺《のこ》した写真にも収められている〔拙著『日中和平工作の記録―今井武夫と汪兆銘・蔣介石』〕）。

なぜ、今井は中国人と深く関わり合いを持ったのか。もちろん、北京武官として彼らから情報を得るために、懐《ふところ》へ飛び込む必要があったのだろう。

このとき、今井はすでに延べ四年間、中国に在勤していた。この間、中国人の生活習慣を事細かに観察し、彼らが生きていくなかで相互に助け合っていることを知った。そして、次のような思いに至ったのである。

「私はこういう相互信頼感と、人間的温かさを、中国人の日常生活に感じ、その社会生活の好ましい面を知り、こうした民族を抱擁する中国大陸に深い愛着をもった」（今井武夫『支那事変の回想』）。

今井にとって、中国は愛着を抱く対象であり、決して敵対する相手ではなかったのだ。

さらに、今井が中国人に親しみをもって接する背景には、次のような過去の辛い経験があった。

盧溝橋事件前年の昭和11年、上海を訪れ、蔣介石（前列左から2人目）を表敬訪問した際の今井武夫（後列右）。前列左端は、後に汪兆銘工作にともに奔走する高宗武

後年、今井は語っている。「自分の眼から、うろこを落とさせ、人間としての指針を与えてくれたのは、長男宏《ひろし》である」、「宏の死が、多くの人の生に繋がるように、自分に努力を促した。宏は自分の志の中に生きている」（今井貞夫『幻の日中和平工作　軍人今井武夫の生涯』）と。

今井の長男・宏は、昭和三年（一九二八）十月二十六日に生まれた。とても腕白だったが、昭和十年（一九三五）七月十九日、白血病によりわずか六歳で他界する。臨終に際し、宏はベッドに横たわりながら、「オセワニナリマシタ」と、しっかりとした字でメモに書き残したという。

宏を人一倍かわいがっていた今井は、その死に大きな衝撃を受け、一時、軍人を辞めて僧侶の道に進もうとさえ考えた。彼は悲しみに打ちひしがれるなか、宏のメモを形見とし、生涯、自らを慰めた。そして、この経験以後、「人情に国籍も身分の差もない。人の命の損なわれる事をわが身の悲しみとした」（前掲書）と、国籍や身分を問わず人命の尊重を第一としたのである。

愛着のある中国と戦って、罪のない多くの尊い命を奪ってはいけない。この思いが今井を中国人との友好、さらには日中和平工作へと突き動かしたのだ。

汪兆銘工作の実相

昭和十三年（一九三八）二月十五日、国民政府外交部日本科長の董道寧《とうどうねい》が極秘来日し、参謀次長の多田駿中将や、参謀本部謀略課長の影佐禎昭《かげささだあき》大佐、そして同部支那班長に転任していた今井らと、それぞれ会見する。

この約一カ月前の一月十六日、日本政府は「第一次近衛声明」を発し、国民政府と続けていた公式な停戦交渉を自ら打ち切った。和平派の董は満鉄南京事務所長の西義顕《にしよしあき》の斡旋を受け入れ、日中和平の糸口を探りに決死の覚悟で海を渡ってきたのだ。

彼の来日をきっかけに、日中双方関係者は水面下で和平に向けた非公式協議を始めた。今井は、日本側の主要な交渉人として、ときに「満鉄嘱託《しよくたく》佐藤正」と偽名を使って中国に渡り、和平派と交渉を重ねる。いまだ徹底抗戦の構えを崩さない重慶国民政府指導者、蔣介石に和平工作を知られないためだ。

和平派は、中国側ナンバー2で、抗戦に異論を唱えていた汪兆銘を誘い、彼らのリーダーに据えた。以後、この汪兆銘工作が日中和平工作の中心となる。

十一月二十日、影佐や今井ら日本側と和平派は、上海で開いた会議で、今後の和平の条件を定めた「日華協議記録」に合意する。

これによると、日華防共協定を締結するほか、中国が満洲国の存在と中国内地での日本人の居住と営業の自由をそれぞれ認める代わりに、日本は中国に持つ治外法権を撤廃し、租界の返還も考慮し、さらには戦費の賠償も要求しないとされた。

今井は、和平派との話し合いについて「お互い愛国の至情《しじよう》に基づくもので、相互にその立場を理解したばかりでなく、却《かえつ》て之《これ》がため、その真険《ママ》な態度に敬意と信頼を感じ、爾後の運動を進捗させるため好結果をもたらした」（前掲『支那事変の回想』）と、高く評価した。人命を奪う戦争を止め、愛する祖国を救いたいという気持ちは、日中どちらも変わらなかったのだ。

重慶にいた汪兆銘は、日本側が和平条件に同意したことを知ると、蔣介石の目を盗んで、十二月十八日、わずかな仲間とともに、飛行機で同地を脱出した。そして、二十九日、滞在先の仏領インドシナのハノイで徹底抗戦を続ける重慶政府に対し、日本との和平実現を呼びかけたのである。

汪ら和平派が命がけの行動の末に目指したものは何か。それは、汪が和平を呼びかけることで、彼が同志とみなしていた中国西南諸省の軍事領袖《りょうしゅう》を仲間とし、彼らとともに日本軍未占領地に新政権を立てる。そして、その軍事力を背景に、蔣介石に抗戦を諦めさせ、和平を迫ることだった。

だが実際、汪に呼応する者は誰も現われなかった。そればかりか、重慶政府は、汪の公職と国民党籍を剝奪し、汪の主張する和平に絶対反対を表明したのだ。和平派の目算《もくさん》はまったく狂ってしまった。

さらに、汪は蔣介石の放った刺客《しかく》に命を狙われる。側近が暗殺されたが、汪は幸いにも助かり、昭和十四年（一九三九）四月、命からがらハノイを離れて上海へと逃れた。今井は五月六日、上海で汪一行を出迎えている。

同月三十一日、汪は自らの希望で来日し、平沼騏一郎《きいちろう》首相など日本政府首脳と会談した。

汪の目的はいったい何だったのか。すなわち、彼についてきた同志とともに、日本軍占領下の南京に和平政府を創設し、重慶政府を説得して和平に転向させる。そのために、日本側の同意と協力をとりつける必要があったのだ。

この汪の構想に、これまで汪兆銘工作に取り組んできた今井は、必ずしも賛同できずにいた。それはなぜか。今井は言う。

もともと、汪は日本軍未占領地に政権を立てると言っていたにも拘らず、「進んで日本軍占領区域内の南京に国民政府を樹立しては、所謂《いわゆる》傀儡政権に堕《だ》し」てしまう。「たとえ汪の主張の如く重慶側に働きかけて、彼等の抗戦政策を転向させるように施策するにしても、汪政権が自ら傀儡政府となっては、彼も亦《また》国を売るものとして、国民大衆の指弾《しだん》する所となりかねない」（前掲『支那事変の回想』）と。

自ら日本の傀儡になろうとしている汪兆銘に、和平は実現できないとみなしたのだ。今井は高い理想を掲げる一方、現実を見誤ることはなかった。

これ以後、今井は汪兆銘工作から一線を引く。

桐工作――虚々実々の駆け引き

桐《きり》工作とは、蔣介石の側近で、中国金融界の大物・宋子文《そうしぶん》の弟と自称する宋子良《しりょう》を介した、重慶政府との直接和平工作である。

昭和十四年十二月、香港駐在陸軍武官の鈴木卓爾《たくじ》中佐は、同地で宋子良と会い、重慶政府との和平交渉を打診する。宋はただちに重慶側と連絡し、和平交渉の予備会談を行なうと回答した。

支那派遣軍参謀となっていた今井は、鈴木から連絡を受け、急いで香港へ向かった。汪兆銘工作が限界を迎えた今、彼は重慶政府と直接和平交渉のやり取りができる桐工作に望みを託した。

昭和十五年（一九四〇）三月七日から十日にかけて、今井は謀略課長の臼井茂樹《うすいしげき》大佐と、香港で宋らと会談に臨む。

しかし、重慶側が、和平条件として満洲国の不承認と、共同防共にともなう一部日本軍の華北駐兵に反対したため、交渉は難航をきわめた。

それよりも、今井らが懸念したのは、彼らの目の前にいる宋子良のことだった。はたして、彼は本当に宋子良なのか。会談に先立ち、今井ら日本側は宋の経歴を徹底的に洗い出した。

だが、これといった確証が得られなかった。

そこで、今井は五月、再び香港のホテルで宋らと会談を行なった際、宋に悟られないよう、鈴木にピンホールカメラで部屋の外から鍵穴を通して彼の顔を撮影させた。そして、その写真を中国側関係者に見せて真偽を確かめたのだ。まさにスパイ映画さながらである。

結局、今井らの前に現われた宋子良は、本人とは特徴が異なる別人であることがわかった。しかし、別人とはいえ、宋が重慶側と繋《つな》がっていることは間違いなかったため、交渉は継続された。

その後、会談はマカオに場所を移して開かれた。だが、九月二十七日、日本が日独伊三国同盟を成立させ、米英側との対決姿勢を鮮明にすると、支那派遣軍は自ら桐工作の中止を決定したのだった。

中国側は、なぜ和平交渉に偽者《にせもの》の宋子良を使ったのか。中国近代史研究者の江紹貞《こうしょうてい》によると、本物の宋子良は政治外交センスに欠けていたため、鈴木と会う直前に体格が似ていたスパイとすり替えた。そして、日本と和平を結ぶことで、当時関係が悪化していた中国共産党に対する共同防共を実現させようとしたのだという（江紹貞『戴笠和軍統《たいりゅうとぐんとう》』）。

たとえ、中国側にそのような意図があったとしても、すでに事実上、米英との対決に舵を切っていた日本に、それを見抜いて的確に判断することはできなかったであろう。

ちなみに、桐工作には後日談がある。終戦間近の昭和二十年（一九四五）六月、上海の日本軍憲兵隊に逮捕された中国人スパイの曾紀宏（曾広）が、桐工作で宋子良を演じていた者であることがわかったのだ。

上海にいた今井は、すぐさま曾を自分の宿舎に招く。そして、過去のことは咎《とが》めず、偽者とはいえ、かつて和平を話し合った同志として、今後の日中平和のために情熱を傾けてほしいと求めたのである。

幼い長男の死という衝撃的な経験をへて、今井は人命の尊重に国籍や身分は一切関係がないという確固たる信念に到達した。それは、かつて自分を騙したスパイも同じであった。スパイも祖国を守るために命を懸けているのだと。

このような今井の思いを打ち崩した戦争とは、いったい何だったのか。今いちど、私たちは真剣に考え、今井の信念を将来へと受け継いでいくべきではないだろうか。

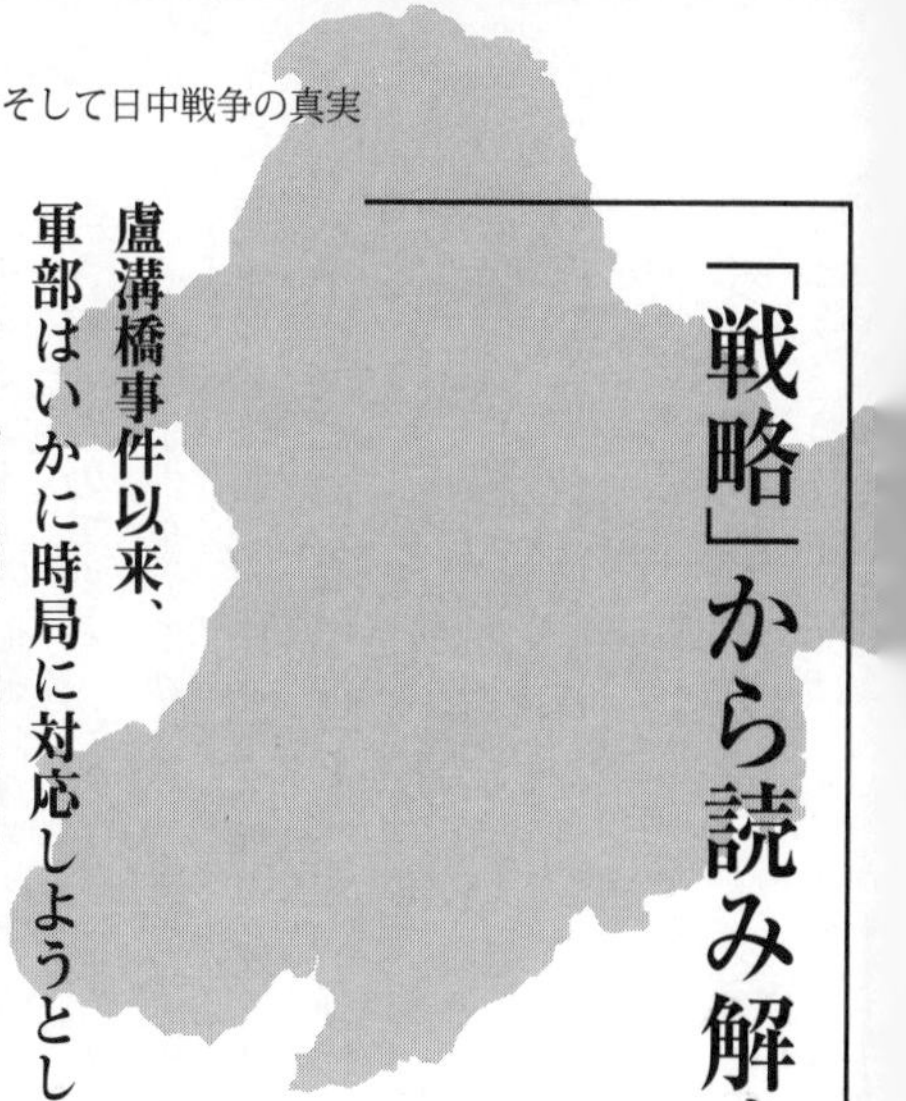

「戦略」から読み解く泥沼化の真相

大木　毅

**盧溝橋事件以来、
軍部はいかに時局に対応しようとしていたのか。
そしてなぜ、戦争は泥沼化してしまったのか。
「戦略」から読み解くと、
迷走と評すべき実相が浮かび上がる。**

戦略はなかった

昭和十二年（一九三七）七月七日、北平（現北京）近郊の盧溝橋に響きわたった銃声は、およそ八年におよぶ日中全面衝突の引き金となった。

第一次世界大戦の直接の契機となった、オーストリア＝ハンガリー帝国の皇位継承者フェルディナント大公《たいこう》暗殺、すなわちサラエヴォ事件同様、数発の弾丸が血で血を洗う大戦争を引き寄せたのである。

その結果の重大性ゆえに、誰がなぜ盧溝橋事件を引き起こしたのかという問題については、日本軍の陰謀説、中国側軍閥の策動、日本と中国国民政府を争わせて漁夫《ぎょふ》の利を得ようとする中国共産党の謀略など、さまざまな主張があり、論争となってきた。

だが、今日では、国民政府軍第二九軍兵士による偶発的射撃だったと考えるのが、もっとも説得力のある説になっているとみてよかろう（秦郁彦《はたいくひこ》『盧溝橋事件の研究』、東京大学出版会、一九九六年）。

だとすれば、この偶然、盧溝橋の銃撃がなければ、日中戦争は起こらなかったのだろうか。むろん、サラエヴォ事件でフェルディナント大公が生きのびていたら（彼が暗殺者の待っているところに導かれたのは、先導の警官が道を間違えたためであった）、第一次世界大戦にはならなかったという仮定が誤っているのと同様、そうした主張は成り立たない。

華北分離工作をはじめとする日本の拡張政策、それに抗する中国ナショナリズムの高揚といったさまざまな要素が日中のあつれきを高め、対決を不可避にしていた。おそらく、仮に盧溝橋事件が生起しなくとも、別のかたちで両国は衝突したであろう。

それでは、日本政府や陸海軍は、当時四億の民《たみ》がいるといわれた地大物博《ちだいぶつはく》の大国との戦争にあたり、いかなる戦争目的を想定し、どのような戦略を以てのぞんだのか。

――驚くべきことに、当時の日本には、戦略という名に価するような戦争指導方針はなかったのである。

初期解決ならず

陸軍参謀本部に勤務していた島貫武治《しまぬきたけはる》大佐（最終階級）は、昭和十一年（一九三六）に起草された「昭和十二年度対支作戦計画」について、戦後、以下のごとく回想している。

「〔中国を敵とする場合には〕北支那又は中支那状況に依《よ》り、南支那中所要の地域に作戦し、其《そ》の要域を占領確保するを以て目的とす。〔原文改行〕之《これ》が為《ため》、陸軍は北支那方面の敵を撃破して、所要の要域を占領確保すると共に、海軍と協力して青島を攻略し、又は海軍と協力して揚子江下流地域に作戦し、所要の要域を占領確保す」（防衛庁防衛研修所戦史室『戦史叢書大本営陸軍部』第一巻、一九六七年。〔 〕内は筆者の補註。旧字旧カナを新字新かなに直し、適宜ルビと句読点を補って引用する。以下同様）。

このように、「要域を占領確保する」と繰り返されているのみで、中国と全面戦争になった場合に、いかなる条件を満たせば、相手を屈服させられるかについて、本気で検討された形跡はない。また、何のために国運を賭しての戦争（大国中国との戦争は必然的にそうなるはずだった）を行なうのかも、判然としていない。

中国国民政府の軍隊など恐るるに足らずという高慢ゆえか、中国が征服され、講和を余儀なくされることは既定事実であるといわんばかりだ。

つまり、日本陸軍にとって、対中戦略・作戦の策定は、対ソ戦のそれに比べれば片手間仕事であり、真剣味に欠けるものであったといっても、あながち酷評にはなるまい。

いずれにせよ、盧溝橋事件当時、日本側には中国との全面戦争に突入する用意も意思もなかった。従来処理してきたように、この紛争も、正式の外交ルートではなく、現地軍の地方政権との交渉によって解決するつもりだったのである。

その思惑は当たり、七月十一日には現地停戦協定が成立する。さりながら、満洲事変以来の日本の拡張政策に煮え湯を飲まされてきた中国国民政府の指導者蔣介石は、もはや弥縫策《びほうさく》には満足しなかった。直轄する精鋭「中央軍」を北上させるとともに、七月十九日、現地停戦協定は中央政府の承認を必要とする、また、国家主権に反する現地協定は認めないと宣言したのである。

日本側も、かかる動きに反応して、満洲・朝鮮からの増援軍派遣に踏み切った。

クラウゼヴィッツの教えに背いた日本陸海軍

とはいえ、陸軍中央部は当初、参謀本部第一（作戦）部長石原莞爾少将以下、中国との紛争は長期化・泥沼化すると予想し、その間にソ連が介入してくることを恐れて、対中戦争への拡大は避けるべきだと考え、海軍もそれに同調していた（「不拡大派」）。

ところが、参謀本部第三（作戦）課長武藤章大佐や陸軍省軍事課長田中新一《しんいち》大佐を中心とする「拡大派」が台頭し、この際、武力によって中国を威圧、ないしは屈服せしめ（「対支一《たいしいち》撃《げき》論」）、華北分離（華北五省を日本の勢力下に置こうとする工作）などの懸案を解決しなければならないと唱えはじめたのである。

彼らは、対中紛争を局地化し、全面戦争を回避しつつ、きわめて近視眼的な領土拡張の目的を達することができると確信していたのだ。この「拡大派」がしだいに力を得て、紛争拡大につながる決定をみちびいたことはいうまでもない。

さらに、八月九日、海軍士官と水兵が上海で中国人に殺害された大山事件をきっかけに、戦火は南に広がった（「第二次上海事変」）。自らの勢力圏であるとみなしていた上海で武力衝突が生起したのをみた日本海軍は態度を硬化させ、同地への派兵、すなわち紛争拡大を求めるようになった。

八月十七日、閣議は不拡大方針の放棄を決定する。それを受けて、本紛争の日本側呼称も、従来の「北支事変」から「支那事変」に変更された（九月二日）。事実上の全面戦争開始である。にもかかわらず、「拡大派」は、北平付近や上海の国民政府軍主力を撃破すれば、戦争を終結させられるものと楽観していた。

現代の戦略論にまで絶大な影響をおよぼしている、プロイセンの用兵思想家カール・フォン・クラウゼヴィッツは、その有名な著書『戦争論』において、敵のあらゆる力と活動の中心が「重心《シュヴェーアプンクト》」であるとし、これを全力で叩かねばならないと唱えた。

敵の軍隊が重心であれば、それを撃滅し、党派的に分裂している国家であれば、その重心とみなされる首都を占領する。同盟国に頼っている弱小国であれば、前者が派遣する軍隊が重心であるから、これを撃つというのが、クラウゼヴィッツの説くところであった。

ならば、中国の重心は何か。首都南京か、国民政府軍の中核である中央軍か、上海をはじめとする工業・商業上の要地か、はたまた国民政府を援助する諸外国が派遣する軍事顧問・義勇軍や軍需物資か——いや、そもそも中国に重心はあるのか？

これらの問題が真摯に検討されることはなかった。陸軍参謀本部や海軍軍令部のエリートたちは、解答を出さぬまま戦争に突入し、クラウゼヴィッツの教えに背を向けたのである。

なしくずしの首都攻略

しかし、上海をめぐる攻防戦は、限定戦争で中国を圧伏《あっぷく》し得るとしていた「拡大派」の慢心に、冷や水を浴びせかけた。

当時、中国との関係を重視するドイツが派遣していた軍事顧問団の指導のもと、優良な兵器を装備した中央軍が、上海とその周辺のクリーク（水路）を利用した堅固な陣地を構築し、執拗に抵抗したのである。

上海派遣軍の損害ははなはだしく、下級将校がことごとく戦死・戦傷してしまったために、やむなく下士官が消耗しきった中隊の指揮を執らねばならなくなるといった事態が続出した。

それでも、十月中旬になると、日本軍の攻撃が功を奏し、クリークの線を突破した。ついで、十一月五日に日本の第一〇軍が杭州湾に上陸、中国軍の側背《そくはい》をおびやかすと、上海正面の抵抗は総崩れとなった。作戦・戦術的には大勝利である。だが、この成功を、どのようにして戦勝につないでいくのか――。

参謀本部次長の多田駿中将や参謀本部作戦課長河辺虎四郎大佐（武藤の代理、のちにその後任となった）らは、折から駐華ドイツ大使オスカー・トラウトマンによる和平工作が進んでいたことに鑑《かんが》みて、首都南京を占領して、中国に政治的な屈辱を味わわせるような真似は控え、交渉による戦争終結を追うべきだと考えた。だが、上海の勝利に酔う現地軍の勢いは止められるものではなかった。中支那方面軍とその麾下《きか》に入った第一〇軍は、定められた停止線（「制令線《せいれいせん》」。おおむね蘇州と嘉興を結ぶ線とされていた）を越え、南京に進撃するのを許可せられたいと矢の催促をしてくる。

十一月二十二日、中支那方面軍司令官松井石根大将は、今後の作戦方針として、「中支那方面軍は事変解決を速かならしめる為、現在の敵の頽勢《たいせい》に乗じ、南京を攻略するを要す」との意向を示した（前掲『戦史叢書』）。

まさに十九世紀流の、敵首都占領をイコール勝利とする戦争観が伝わってくる意見具申ではあった。

しかし、蔣介石の中国が遂行しているのは、二十世紀の総力戦だったのだ。

十一月十三日、遷都と徹底抗戦の方針が定められ、同月二十日には重慶が正式な首都とされた。つまり、南京は中国の「重心」ではなかったのである。

そもそも、中国側は、日本との戦争の「国際化」（諸外国の対日介入を誘発し、二国間戦争から多国間戦争に拡大する）によって、最終的な勝利を得ることを企図していた。

そのもくろみ通り、日本は外国租界などがある上海での戦闘や中国各地に対する爆撃の結果、国際的に孤立しつつあった。従って、たとえ作戦・戦術次元で大敗してはいても、蔣介石の戦略は成功に向かっていたものといえる。

十二月十三日、中支那方面軍は南京を占領した。だが、戦略的な意義は乏しかった。前述のトラウトマンによる和平仲介も、日本側が強硬な条件を突きつけたために、蔣介石の拒否に遭い、昭和十三年（一九三八）初頭には頓挫している。

かてて加えて、同年一月十六日には、近衛文麿首相が政治的な大失敗をしでかした。トラウトマン工作の失敗を知った近衛は、「爾後国民政府を対手とせず」との声明を出したのだ。

これによって、ただでさえ実現性の薄かった和平による戦争終結の可能性は、絶無に近くなった。

日中全面戦争は、いつ果てるともしれぬ長期消耗戦となることを運命づけられたのである。

敵野戦軍撃滅をめざして

かくて、日本の対中戦略は早くも行き詰まった。ひとまず、和平による戦争終結を政治に期待することはできなくなった。

軍事的には、敵首都を奪取したというのに、中国国民はまったく屈服する気配を見せていない。占領地に傀儡政権を樹立して、それらに責任を負わせようとしても、そのような政策が中国国民の敵愾心《てきがいしん》を煽《あお》り、日中の妥結をいよいよ困難にすることは火を見るよりも明らかだった。

かかる情勢を受けて、昭和十三年一月十一日の御前《ごぜん》会議で決定された「支那事変処理根本方針」は消極的なものとなった。

第一期には作戦を休止して国力を蓄積、第二期には漢口攻略を含む大規模作戦を展開、中国の抗戦力を破砕し、第三期に対ソ・対中戦争を可能とする軍備を完成するという陸軍参謀本部の段階構想が一応承認され、現地軍からの作戦継続の希望などは却下されたのだ。この決定に従うなら、昭和十三年は作戦休止ということになる。

ところが、陸軍参謀本部は、現地軍の突き上げに動かされ、戦面不拡大の方針から一転して、徐州・漢口・広東方面に攻勢を発動し、中国軍主力を撃滅、その継戦能力と抵抗意思とを粉砕することを策した。

昭和十三年三月、台児荘《たいじそう》の戦闘で敗北したものの、徐州付近に約四十万の中国軍が集結していることを察知した日本軍は、これを叩くべく、四月七日に包囲作戦を発動した。有名な徐州会戦である。今度は、中国の重心はその野戦軍にあると見定めたものといえよう。

しかし、北支那方面軍と中支那派遣軍（昭和十三年二月、中支那方面軍を改編）を投入しての大作戦も、企図を果たせぬままに終わった。日本軍は包囲に成功したが、小部隊に分かれた中国軍は、包囲網の手薄なところを衝《つ》いて、突破・脱出したのである。

続く漢口・広東作戦も要地こそ占領したものの、中国野戦軍主力に致命的な打撃を加えることはできなかった。

なるほど、中国軍も大損害を被《こうむ》りはしたが、なお再編可能な状態に留まりつづけたのである。とどのつまり、野戦軍は中国の「重心」ではなかったたし、仮にそうだったとしても、日本軍がそれを撃滅することはきわめて困難だったのだ。

消耗戦への突入

昭和十四年（一九三九）以降、日中戦争は、後世のわれわれがイメージするような様相を呈《てい》しはじめた。すなわち、点と線の支配しかできない日本軍、そこへゲリラ攻撃をしかけて消耗を強いる中国軍、といったありさまである。

しばしば、日本軍は中国では負けなかったとする評価を聞く。たしかに作戦・戦術次元では、日本軍のほうが優れており、中国軍部隊を撃破する、あるいはその攻撃を撃退するという意味では、「勝利」を得ていたであろう。

だが、そうした戦いであっても死傷者は出るし、補給には負担がかかる。それらの一つ一つは取るに足らないものにみえるが、累積していけば莫大な数字になり、結果として日本軍に大きな負担をかけた。

いわば、中国軍は作戦・戦術次元では敗れていたかもしれないが、戦略的には着実に勝利に向かっていた

日中戦争と太平洋戦争における日本の戦線

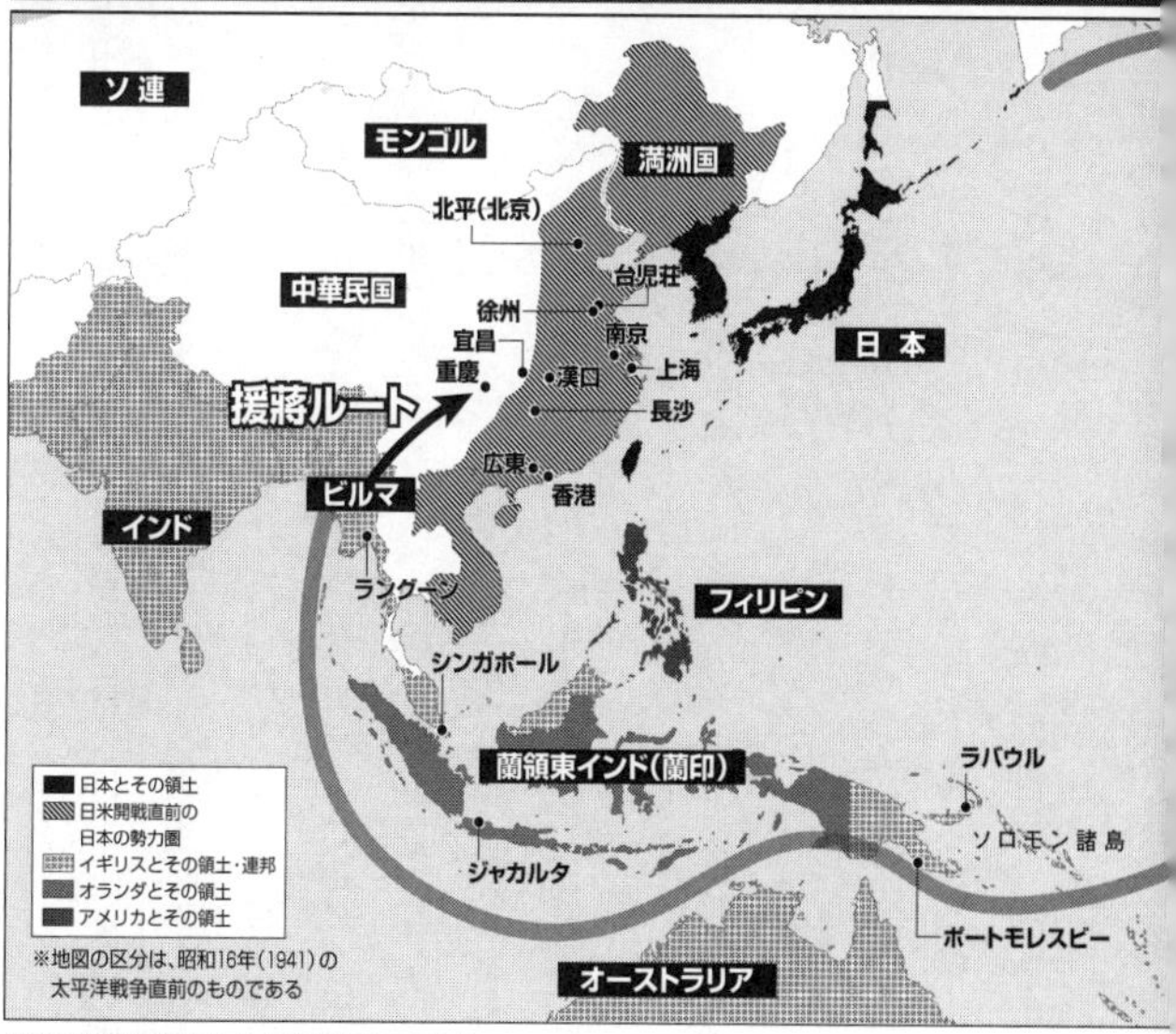

出所：各種資料をもとに編集部にて作成

のだ。

事実、陸軍中央部は、このままではソ連をにらんだ戦力整備もままならぬと、昭和十五年（一九四〇）には、宜昌《ぎしょう》攻略を実施したのちに後退して、占領地を縮小させ、兵力を抽出して他に転用した上で、長期持久態勢を整備するという案を検討している。

中国に決定的な打撃を加えることは不可能で、現状維持が精一杯であると認めるも同然の構想だった。大陸の戦線という潰瘍《かいよう》は、日本の失血死をもたらしかねないほどに大きくなっていたのである。

支戦場にあらず

昭和十六年（一九四一）十二月八日、日本は米英蘭（オランダ）に宣戦布告した。

短期戦で中国を屈服させ、日本の要求を認めさせるはずだった「支那事変」は、連鎖反応的にその他の諸国との敵対につながり、ついに世界大戦への突入をもたらしたのだ。

この一大転換によって、中国戦線は、日本にとっての主戦場から支戦場になったかにみえたが、実は必ずしもそうではない。たしかに香港攻略に呼応した長沙《ちょうさ》作戦（昭和十六～十七年）、中国における連合軍の航空基地奪取を目的とした一号作戦（昭和十九年〈一九四四〉）など、日米開戦後の大陸における作戦をみれば、中国方面の戦局も対米英戦争の一変数にすぎなくなったかと思われる。

しかしながら、大陸戦線に多数の日本軍兵力が拘束されていたこと、また、援蔣ルート（連合国の中国補給路）遮断を続けるために、日本軍が苛酷なビルマ（現ミャンマー）防衛戦を強いられたことを思えば、中国は支戦場であったとすることはできない。

結局、大陸は日本にとっての鬼門でありつづけた。そこでの戦略なき戦争は、長期にわたる多大な出血を招き、さらには亡国の世界大戦をもたらしたのである。

附録④　年表◇近現代における（満洲国消滅までの）日中関係史

和暦	西暦	出来事
明治27	1894	日清戦争が始まる。
28	1895	下関条約締結、日清戦争が終わる。独仏露による三国干渉で日本は遼東半島を返還。
29	1896	露清密約で、ロシアが東清鉄道の敷設権を得る。
31	1898	ロシアが旅順・大連の租借権などを得る。
33	1900	義和団が北京を占領、清国が列強諸国との開戦を宣する（北清事変）。日露、さらに英米仏など8カ国の連合軍が北京入城。
34	1901	連合軍は北京を撤退。ロシア軍は満洲に駐留を続ける。
37	1904	日露戦争が始まる。

和暦	西暦	出来事
明治38	1905	ポーツマス条約締結、日露戦争が終わる。日本は遼東半島南部の租借権、東清鉄道の一部の権利などを譲り受ける。
39	1906	南満洲鉄道株式会社（満鉄）設立。
43	1910	日韓併合。
44	1911	日清間で満洲に関する協約調印。辛亥革命が始まる。
45	1912	中華民国成立。孫文が臨時大統領に就任。宣統帝が退位、清朝滅亡。
大正3	1914	第一次世界大戦が始まる。日本はドイツに宣戦して青島を占領。
4	1915	対華二十一箇条要求。
6	1917	ロシア革命が起こる。
7	1918	日本がシベリアに出兵。第一次世界大戦休戦。
8	1919	ヴェルサイユ条約調印。日本が関東庁ならびに関東軍司令部を設置。

10	1921	ワシントン会議。日英同盟廃棄。日本は四カ国条約、九カ国条約に調印。
11	1922	張作霖が東北三省（満洲）の独立を宣言。日本軍のシベリア撤兵。
15	1926	蔣介石が北伐を開始。
昭和2	1927	日本で金融恐慌が起こる。張作霖が北京に軍事政府を樹立。
3	1928	張作霖爆殺事件。北伐軍が北京入城。張学良が国民政府に合流。
6	1931	満洲事変が起こる。
7	1932	リットン調査団の調査が行なわれる。満洲国建国宣言。溥儀が執政に就任。日満議定書調印。満洲国に日本大使館が開設。
8	1933	国際連盟が満洲国を否認、日本は国際連盟の脱退を通告。
9	1934	満洲国が帝政実施（溥儀が皇帝に即位）。満鉄の特急あじあ号が新京―大連間で運転開始。日本がワシントン海軍軍縮条約を廃棄する。

昭和10	1935	ソ連の北満鉄道を買収。溥儀の日本訪問。
11	1936	満洲産業開発五カ年計画が決定。張学良が蔣介石を監禁（西安事件）。
12	1937	盧溝橋事件。日中戦争に突入。第二次国共合作で、国民党軍と共産党軍の統一戦線が成立。日本軍が南京を占領。
13	1938	第一次近衛声明で、日本が中国国民政府との和平交渉打ち切り。日本で国家総動員法が公布。独満修好条約調印（ドイツが満洲国を正式承認）。
14	1939	関東軍とモンゴル・ソ連軍が衝突（ノモンハン事件）。ドイツのポーランド侵攻、第二次世界大戦が始まる。
15	1940	日独伊三国同盟調印。
16	1941	満洲と日本を直接結ぶ航空路が開設。日ソ中立条約調印。関東

		軍特種演習。満洲で生活物資切符制が決定。日本が真珠湾攻撃、太平洋戦争が始まる。
17	1942	建国10周年の記念式典開催。食糧管理法が公布。ミッドウェー海戦。
18	1943	日本軍がガダルカナル島撤退。豊満ダムが発電開始。
19	1944	鞍山、奉天、大連にＢ29の空襲。満鉄の特急列車の運転が休止。日本で東條英機内閣が総辞職。
20	1945	ソ連軍が満洲に侵入。日本が無条件降伏。溥儀が退位。満洲国消滅。ソ連軍が満洲を占領。ＧＨＱの命令で満鉄が閉鎖。

出所：各種資料をもとに編集部にて作成

【初出一覧】

いずれも『歴史街道』(PHP研究所)より

保阪正康(P13～P22) 2003年8月号

保阪正康(P23～P31) 2003年8月号

太田尚樹(P33～P41) 2006年4月号

保阪正康(P43～P50) 2002年4月号

西澤泰彦(P57～P63) 2007年6月号

江宮隆之(P65～P74) 2012年7月号

小山俊樹(P77～P87) 2012年7月号

秋月達郎(P89～P98) 2006年4月号

川島 真(P101～P117) 2020年5月号

井上寿一(P119～P135) 2021年9月号

岡本隆司(P137～P148) 2021年9月号

平塚柾緒(P149～P163) 2021年9月号

岩井秀一郎(P165～P175) 2021年9月号

広中一成(P177～P188) 2021年9月号

大木 毅(P189～P202) 20021年9月号

※本書収録にあたり、改題や大幅な加筆修正を行なったものもある。

【本文写真提供】

朝日新聞社／時事通信フォト
P27、37、39、157

国立国会図書館
P47、68、69、79

時事通信フォト
P63、122 ～ 123

樋口隆一氏所蔵
P91

多田家所蔵アルバム
P167

今井貞夫氏所蔵
P179、181

平塚柾緒 [ひらつか・まさお]

戦史研究家。昭和12年(1937)生まれ。取材・執筆グループ「太平洋戦争研究会」を主宰し、数多くの従軍経験者への取材を行う。『八月十五日の真実―大日本帝国が崩壊した運命の日』『新装版 米軍が記録した日本空襲』『玉砕の島 ペリリュー』『写真でわかる事典 日本占領史』『写真でわかる事典 沖縄戦』『我、奇襲ニ成功セリ』など著書多数。

広中一成 [ひろなか・いっせい]

愛知大学非常勤講師。昭和53年(1978)生まれ。愛知大学大学院中国研究科博士後期課程修了。博士(中国研究)。専門は中国近現代史。著書に『日中和平工作の記録』『語り継ぐ戦争』『通州事件』『冀東政権と日中関係』『牟田口廉也』『傀儡政権』『後期日中戦争』などがある。

保阪正康 [ほさか・まさやす]

ノンフィクション作家。昭和14年(1939)生まれ。同志社大学文学部卒業。平成16年(2004)、昭和史の研究により、菊池寛賞を受賞。『昭和史 七つの謎』『陸軍良識派の研究―見落とされた昭和人物伝』『ナショナリズムの昭和』(和辻哲郎文化賞受賞)『昭和史の本質』『石橋湛山の65日』『陰謀の日本近現代史』『「檄文」の日本近現代史』など著書多数。

太田尚樹 [おおた・なおき]

東海大学名誉教授。昭和16年(1941)生まれ。『赤い諜報員』『満州裏史』『駐日米国大使ジョセフ・グルーの昭和史』『尾崎秀実とゾルゲ事件』『乱世を生き抜いた知恵』『世紀の愚行―太平洋戦争・日米開戦前夜 日本外交失敗の本質 リットン報告書からハル・ノートへ』『アンダルシアの洞窟暮らし』など著書多数。

岡本隆司 [おかもと・たかし]

京都府立大学文学部教授。昭和40年(1965)生まれ。京都大学大学院文学研究科博士課程満期退学。博士(文学)。専門は近代アジア史。『近代中国と海関』で第16回大平正芳記念賞、『属国と自主のあいだ』で2005年度サントリー学芸賞、『中国の誕生』で第12回樫山純三賞、第29回アジア・太平洋賞特別賞を受賞。『世界史とつなげて学ぶ中国全史』『中国史とつなげて学ぶ日本全史』など著書多数。

川島 真 [かわしま・しん]

東京大学大学院総合文化研究科教授。昭和43年(1968)生まれ。東京大学大学院人文社会系研究科博士課程修了。博士(文学)。専門は中国近現代史、アジア政治外交史。『中国近代外交の形成』で2004年度サントリー学芸賞受賞。著書に『近代国家への模索 1894-1925』『21世紀の「中華」』『中国のフロンティア』などがある。

小山俊樹 [こやま・としき]

帝京大学文学部教授。昭和51年(1976)生まれ。京都大学大学院人間・環境学研究科博士後期課程修了。博士(人間・環境学)。専門は日本近現代史。『五・一五事件』で2020年度サントリー学芸賞を受賞。著書に『憲政常道と政党政治』『評伝 森恪』、監修・編著書に『近代機密費史料集成(Ⅰ、Ⅱ)』、共編書に『大学でまなぶ日本の歴史』などがある。

西澤泰彦 [にしざわ・やすひこ]

名古屋大学大学院環境学研究科教授。昭和35年(1960)生まれ。東京大学大学院工学系研究科博士課程修了。博士(工学)。第3回建築史学会賞、2009年度日本建築学会賞(論文)を受賞。著書に『図説「満洲」都市物語』『海を渡った日本人建築家』『日本植民地建築論』『植民地建築紀行』『東アジアの日本人建築家』『図説 満鉄』などがある。

【執筆者紹介】（五十音順）

秋月達郎 ［あきづき・たつろう］

作家。昭和34年（1959）生まれ。映画プロデューサーを経て、平成元年（1989）に作家に転身。以後、歴史を題材にした作品を数多く発表している。『天国の門』『マルタの碑』『奇蹟の村の奇蹟の響き』『海の翼』『海のまほろば』『火螢の城』『水晶島綺譚』『京奉行長谷川平蔵』『体験者が語る世にも怪奇な物語』など著書多数。

井上寿一 ［いのうえ・としかず］

学習院大学法学部教授・前学長。昭和31年（1956）生まれ。一橋大学大学院法学研究科博士課程単位取得退学。法学博士。専門は日本政治外交史。『危機のなかの協調外交』で第25回吉田茂賞を受賞。『戦前日本の「グローバリズム」』『教養としての「昭和史」集中講義』『日中戦争』『論点別 昭和史』『はじめての昭和史』『広田弘毅』など著書多数。

岩井秀一郎 ［いわい・しゅういちろう］

歴史研究家。昭和61年（1986）生まれ。日本大学文理学部史学科卒業。デビュー作『多田駿伝―「日中和平」を模索し続けた陸軍大将の無念』で、第26回山本七平賞奨励賞を受賞。著書に『永田鉄山と昭和陸軍』『渡辺錠太郎伝―二・二六事件で暗殺された「学者将軍」の非戦思想』『一九四四年の東條英機』『最後の参謀総長 梅津美治郎』がある。

江宮隆之 ［えみや・たかゆき］

作家。昭和23年（1948）生まれ。中央大学法学部卒業。『経清記』で第13回歴史文学賞、『白磁の人』で第8回中村星湖文学賞を受賞。『将軍慶喜を叱った男 堀直虎』『明治維新を創った男―山縣大貳伝』『明智光秀「誠」という生き方』『7人の主君を渡り歩いた男 藤堂高虎という生き方』『満洲ラプソディ―小澤征爾の父・開作の生涯』など著書多数。

大木 毅 ［おおき・たけし］

現代史家。昭和36年（1961）生まれ。立教大学大学院博士後期課程単位取得退学。専攻はドイツ現代史、国際政治史。千葉大学他の非常勤講師、防衛省防衛研究所講師、陸上自衛隊幹部候補生学校講師などを経て、著述業。『独ソ戦』『「砂漠の狐」ロンメル』『ドイツ軍攻防史』『「太平洋の巨鷲」山本五十六』『日独伊三国同盟』など著書多数。

PHP新書

PHP INTERFACE
https://www.php.co.jp/

『歴史街道』とは

1988年創刊の月刊誌。今ある歴史雑誌では一番の老舗で、昭和、平成、令和と3つの時代にわたって発刊し続けてきました。過去の人物や出来事を取り上げるとはいえ、歴史は現代の人びとに役立たなければ意味がありません。また、歴史は本来、堅苦しく難しいものではなく、もっと身近で楽しいものであるはずです。そして何より、人間を知り、時代の流れを知る上で、歴史ほど有益な参考書はないのです。そこで『歴史街道』は、現代からの視点で日本や外国の歴史を取り上げ、今を生きる私たちのために「活かせる歴史」「楽しい歴史」を、ビジュアルでカラフルな誌面とともに提供します。

満洲国と日中戦争の真実

（PHP新書 1296）

二〇二二年三月一日 第一版第一刷

編者――歴史街道編集部
発行者――永田貴之
発行所――株式会社PHP研究所
東京本部 〒135-8137 江東区豊洲5-6-52
第一制作部 ☎03-3520-9615（編集）
普及部 ☎03-3520-9630（販売）
京都本部 〒601-8411 京都市南区西九条北ノ内町11
組版――宇梶勇気
装幀者――芦澤泰偉＋児崎雅淑
印刷所――大日本印刷株式会社
製本所――東京美術紙工協業組合

ISBN978-4-569-85148-8

PHP新書刊行にあたって

「繁栄を通じて平和と幸福を」(PEACE and HAPPINESS through PROSPERITY)の願いのもと、PHP研究所が創設されて今年で五十周年を迎えます。その歩みは、日本人が先の戦争を乗り越え、並々ならぬ努力を続けて、今日の繁栄を築き上げてきた軌跡に重なります。

しかし、平和で豊かな生活を手にした現在、多くの日本人は、自分が何のために生きているのか、どのように生きていきたいのかを、見失いつつあるように思われます。そして、その間にも、日本国内や世界のみならず地球規模での大きな変化が日々生起し、解決すべき問題となって私たちのもとに押し寄せてきます。

このような時代に人生の確かな価値を見出し、生きる喜びに満ちあふれた社会を実現するために、いま何が求められているのでしょうか。それは、先達が培ってきた知恵を紡ぎ直すこと、その上で自分たち一人一人がおかれた現実と進むべき未来について丹念に考えていくこと以外にはありません。

その営みは、単なる知識に終わらない深い思索へ、そしてよく生きるための哲学への旅でもあります。弊所が創設五十周年を迎えましたのを機に、PHP新書を創刊し、この新たな旅を読者と共に歩んでいきたいと思っています。多くの読者の共感と支援を心よりお願いいたします。

一九九六年十月

PHP研究所

PHP新書

［政治・外交］

920 テレビが伝えない憲法の話　木村草太
931 中国の大問題　丹羽宇一郎
954 哀しき半島国家　韓国の結末　宮家邦彦
967 新・台湾の主張　李　登輝
979 なぜ中国は覇権の妄想をやめられないのか　石　平
988 従属国家論　佐伯啓思
1000 アメリカの戦争責任　竹田恒泰
1024 ヨーロッパから民主主義が消える　川口マーン惠美
1060 イギリス解体、EU崩落、ロシア台頭　岡部　伸
1076 日本人として知っておきたい「世界激変」の行方　中西輝政
1083 なぜローマ法王は世界を動かせるのか　徳安　茂
1122 強硬外交を反省する中国　宮本雄二
1124 チベット　自由への闘い　櫻井よしこ
1135 リベラルの毒に侵された日米の憂鬱　ケント・ギルバート
1137 「官僚とマスコミ」は嘘ばかり　髙橋洋一
1153 日本転覆テロの怖すぎる手口　兵頭二十八
1155 中国人民解放軍　茅原郁生
1157 二〇二五年、日中企業格差　近藤大介
1163 AI監視社会・中国の恐怖　宮崎正弘
1169 韓国壊乱　櫻井よしこ／洪　熒
1180 プーチン幻想　グレンコ・アンドリー
1188 シミュレーション日本降伏　北村　淳
1189 ウイグル人に何が起きているのか　福島香織
1196 イギリスの失敗　岡部　伸
1208 アメリカ 情報・文化支配の終焉　石澤靖治
1212 メディアが絶対に知らない2020年の米国と日本　渡瀬裕哉
1225 ルポ・外国人ぎらい　宮下洋一
1226 「NHKと新聞」は嘘ばかり　髙橋洋一
1231 米中時代の終焉　日高義樹
1236 韓国問題の新常識　Voice編集部［編］
1237 日本の新時代ビジョン　鹿島平和研究所・PHP総研［編］
1241 ウッドロー・ウィルソン　倉山　満
1248 劣化する民主主義　宮家邦彦
1250 賢慮《けんりょ》の世界史　佐藤　優／岡部　伸
1254 メルケル 仮面の裏側　川口マーン惠美
1260 中国 vs. 世界　安田峰俊
1261 NATOの教訓　グレンコ・アンドリー
1274 日本を前に進める　河野太郎
1287 トランプ vs バイデン　村田晃嗣